초등 국어와 중등 국어를 연결하는 **교과서 필수 용어**

2권

전국의 중학생, 예비 중학생 여러분
'국어' 하면 어떤 생각이 드나요?
분명 우리말인데 외국어처럼 어렵게 느껴진다고요?
아무리 공부해도 성적이 잘 오르지 않는다고요?

수업을 듣거나 시험 문제를 풀 때
어디선가 본 듯한데 무슨 말인지 알쏭달쏭했던 경험이 있을 거예요.
국어가 어려운 이유는 대부분 용어 뜻을 몰라서예요.

그래서 헷갈리는 국어 용어를 모아 명쾌하게! 유쾌하게!
정리한 책이 바로 **'뭔말 국어 용어 200'**이에요.
교과서 곳곳에 흩어져 있는 개념을 이야기책처럼 재미있게!
핵심만 쏙쏙 이해될 수 있도록 비교해서 풀어 주니까
국어 실력이 늘어나는 건 당연하겠죠?

수능 국어의 기초를 지금부터 탄탄히 다져 둔다면
앞으로 만나게 될 낯설고 어려운 문제도
당황하지 않고 쉽게 해결할 수 있어요.

알면 알수록 흥미진진한 국어의 매력 속으로
흠뻑 빠질 준비됐나요?

모두가 국어와 친해지는 그날까지
유현진(Y♥U쌤)

어렵게만 느껴지던 국어가

어느새

자연스럽게 스며들다

그래서

뭔말 국어 용어 200

이렇게 공부해요

Step 1 퀴즈 풀며 흥미 유발

93

관형어 vs 부사어 | 문법

국서의 말에서 부사어는 무엇일까요?

Q

난이도 ★★☆

Y♥U쌤이 행운권에 응모했다가 기차 여행에 당첨되었어요. 하지만 너무 바빠 갈 수가 없자 국순이와 친구들을 대신 보내는데요. 바깥 풍경을 보던 국서의 말에서 부사어는 다음 중 무엇일까요?

단서
- 관형어와 부사어는 다른 문장 성분의 내용을 꾸며 준다.
- 문장에서 관형어는 '어떤/누구의/무엇의', 부사어는 '어떻게/어디에서'에 해당한다.
- 부사어는 위치가 자유로운 편이다.

❶ 꽃들이 ❷ 노랗게 ❸ 물들었네

퀴즈 ▶ 일상 속 사례를 재미있는 퀴즈로 구성했어요. 호기심을 갖고 답을 추리하다 보면 용어에 대한 감이 저절로 생겨요.

단서 ▶ 퀴즈의 정답을 알아맞힐 수 있도록 2~3개의 단서를 제공했어요. 어렵다고 지레 겁먹지 말고 퀴즈 속 그림과 단서를 통해 차근차근 풀어 보세요.

Step 2 비교하며 본격 학습

94

짝으로 묶은 용어

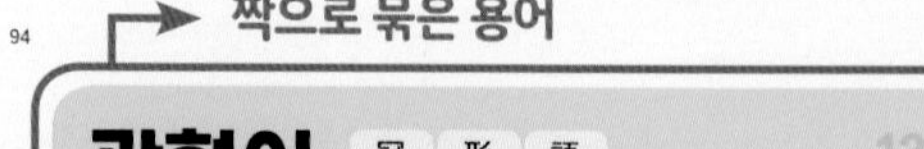

관형어 冠 갓 관 形 모양 형 語 말씀 어 139

체언을 꾸며 주는 문장 성분

문장 성분에는 주어, 서술어, 목적어, 보어와 같은 주성분을 꾸며 뜻을 더해 주는 '부속 성분'이 있어요. 보통 부속 성분을 생략해도 문장의 의미를 전달하는 데 무리가 없어요. 부속 성분은 무엇을 꾸며 주느냐에 따라 두 가지로 나뉘어요. 그중에서도 관형어는 체언을 꾸며 주는 문장 성분을 말해요. '어떤/누구의/무엇의'에 해당하는 뜻을 지니죠.

문장 안에서 관형어는 체언 없이 단독으로 나타날 수 없어요. 관형사를 그대로 쓰거나 '국주의 이마'처럼 체언에 관형어 역할을 하도록 만드는 관형격 조사 '의'가 붙은 형태로 나타나요. 또 용언의 어간에 관형사형 어미가 결합하기도 해요. 예를 들어 '예쁜 조약돌을 주웠다.'라는 문장에서 '예쁜'은 용언 '예쁘다'가 활용된 말로 품사는 형용사지만, 뒤에 오는 명사 '조약돌'을 꾸며 주므로 관형어가 된답니다.

필수용어 ▶ 교과서 속 중학생이 꼭 알아야 할 100개의 용어를 뽑았어요. 헷갈리는 용어를 짝으로 묶어 비교하며 확실하게 개념을 익혀요.

한 줄 요약 ▶ 한자어 뜻풀이와 한 줄 요약으로 용어를 가장 쉽게 정리해요.

Step 3 핵심 정리로 마스터

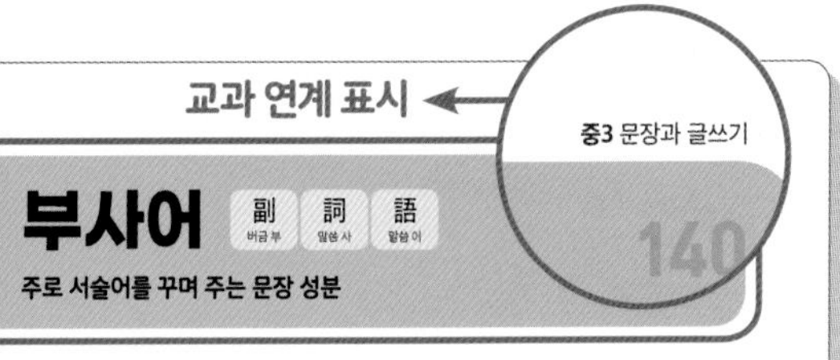

부사어는 주로 서술어를 꾸며 주는 문장 성분을 말해요. '어떻게/어디에서'에 해당하는 뜻을 지니죠. 예를 들어 '하늘이 매우 파랗다.'라는 문장에서 '매우'는 뒤에 오는 형용사이자 서술어인 '파랗다'를 수식하므로 품사로 부사이고, 문장 성분은 부사어예요.

문장 안에서 부사어는 부사를 그대로 쓰거나 체언에 부사 역할을 하도록 만드는 부사격 조사 '에/에서/에게/으로(써)' 등이 붙은 형태로 나타나요. 또 용언의 어간에 부사형 어미 '-게' 등이 결합하기도 해요. 가령 '불이 빨갛게 변했다.'라는 문장에서 '빨갛게'는 용언 '빨갛다'의 어간 '빨갛-'에 어미 '-게'가 붙어 뒤에 오는 서술어 '변했다'를 꾸며 주므로 부사어가 된답니다. 관형어와 마찬가지로 부사어도 생략이 가능하지만, 문장에서 꼭 필요한 부사어를 빼면 의미가 제대로 전달되지 않을 수 있어요.

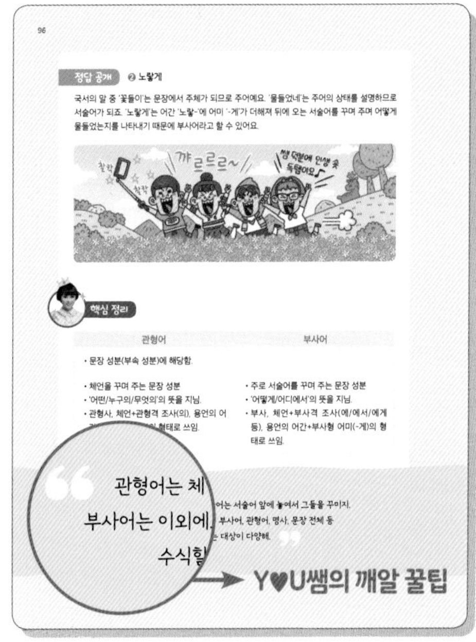

96

정답 공개 ❷ 노랗게

국서의 말 중 '꽃들이'는 문장에서 주체가 되므로 주어예요. '물들었네'는 주어의 상태를 설명하므로 서술어가 되죠. '노랗게'는 어간 '노랗-'에 어미 '-게'가 더해져 뒤에 오는 서술어를 꾸며 주며 어떻게 물들었는지를 나타내기 때문에 부사어라고 할 수 있어요.

핵심 정리

관형어	부사어
• 문장 성분(부속 성분)에 해당함.	
• 체언을 꾸며 주는 문장 성분 • '어떤/누구의/무엇의'의 뜻을 지님. • 관형사, 체언+관형격 조사(의), 용언의 어... 형태로 쓰임.	• 주로 서술어를 꾸며 주는 문장 성분 • '어떻게/어디에서'의 뜻을 지님. • 부사, 체언+부사격 조사(에/에서/에게 등), 용언의 어간+부사형 어미(-게)의 형태로 쓰임.

"관형어는 체...어는 서술어 앞에 놓여서 그들을 꾸미지. 부사어는 이외에, 부사어, 관형어, 명사, 문장 전체 등 수식할...는 대상이 다양해."

Y♥U쌤의 깨알 꿀팁

핵심 ▶ 그림을 곁들인 야무진 해설과 깔끔한 표 정리로 용어 학습을 완벽하게 마무리해요.

스토리텔링 ▶ 이야기처럼 술술 읽히도록 최대한 쉬운 말로 용어의 뜻을 풀었어요. 핵심을 콕 집어낸 설명과 다양한 예시로 즐겁게 학습해요.

한 판 그림 ▶ 한 장 가득 펼쳐지는 그림을 통해 용어의 의미를 직관적으로 이해해요.

이런 국어 용어를 배워요

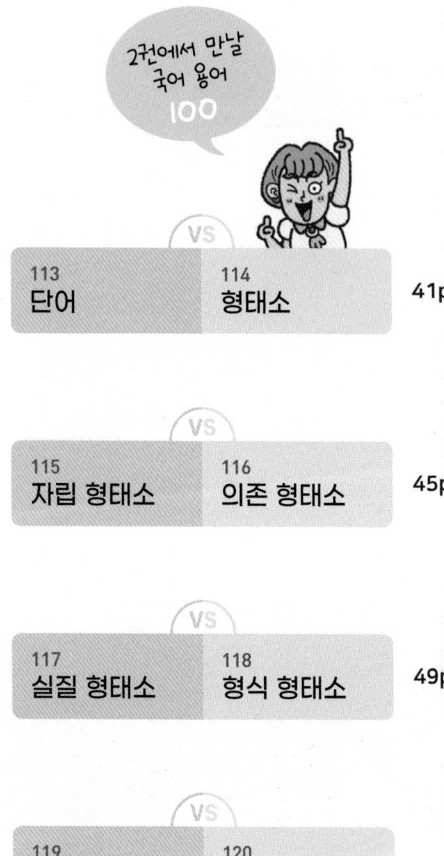

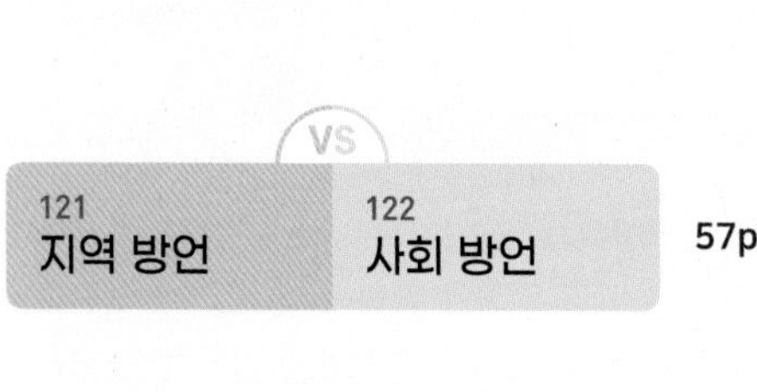

이런 국어 용어를 배워요

레벨 업
200개의 용어 뜻만 알아도 국어가 쉬워질 거예요.

교과 연계 단원

초등 필수 용어부터 중등 핵심 용어까지 한 번에 해결해요!

뭔말 국어 용어 200 2권		초등 국어	중등 국어
101	언어의 기호성	6-1 짜임새 있게 구성해요	중1 언어의 세계
102	언어의 규칙성		
103	언어의 사회성	6-1 짜임새 있게 구성해요	중1 언어의 세계
104	언어의 자의성		
105	언어의 역사성	6-1 짜임새 있게 구성해요	중1 언어의 세계
106	언어의 창조성		
107	음절	5-2 우리말 지킴이	중3 소중한 우리말
108	어절		
109	자음	5-2 우리말 지킴이	중3 소중한 우리말
110	모음		
111	단모음	5-2 우리말 지킴이	중3 소중한 우리말
112	이중 모음		
113	단어	5-1 아는 것과 새롭게 안 것	중1 언어의 세계
114	형태소		
115	자립 형태소	5-1 아는 것과 새롭게 안 것	중1 언어의 세계
116	의존 형태소		
117	실질 형태소	5-1 아는 것과 새롭게 안 것	중1 언어의 세계
118	형식 형태소		
119	고유어	5-1 아는 것과 새롭게 안 것	중1 바람직한 언어 생활
120	한자어		
121	지역 방언	5-1 아는 것과 새롭게 안 것	중1 바람직한 언어 생활
122	사회 방언		
123	품사	4-1 사전은 내 친구	중1 언어의 세계
124	문장 성분		

뭔말 국어 용어 200 2권		초등 국어	중등 국어
125	불변어	4-1 사전은 내 친구	중1 언어의 세계
126	가변어		
127	명사	4-1 사전은 내 친구	중1 언어의 세계
128	대명사		
129	수사	4-1 사전은 내 친구	중1 언어의 세계
130	조사		
131	동사	4-1 사전은 내 친구	중1 언어의 세계
132	형용사		
133	관형사	4-1 사전은 내 친구	중1 언어의 세계
134	부사		
135	주어	5-1 글쓰기의 과정	중3 문장과 글쓰기
136	서술어		
137	목적어	5-1 글쓰기의 과정	중3 문장과 글쓰기
138	보어		
139	관형어	5-1 글쓰기의 과정	중3 문장과 글쓰기
140	부사어		
141	감탄사	5-1 글쓰기의 과정	중3 문장과 글쓰기
142	독립어		
143	홑문장	4-1 이런 제안 어때요	중3 문장과 글쓰기
144	겹문장		
145	한글 맞춤법	6-1 우리말을 가꾸어요	중2 한글과 국어 생활
146	표준 발음법		
147	화자	3-2 바르게 대화해요	중1 진로 탐색을 위한 국어 활동
148	청자		

교과 연계 단원

뭔말 국어 용어 200 2권		초등 국어	중등 국어
149	준언어적 표현	3-2 바르게 대화해요	중2 독서와 발표
150	비언어적 표현		
151	소극적 들어 주기	5-2 마음을 나누며 대화해요	중2 담화와 의사소통
152	적극적 들어 주기		
153	발화	5-1 대화와 공감	중2 담화와 의사소통
154	담화		
155	상황 맥락	5-1 대화와 공감	중2 담화와 의사소통
156	사회·문화적 맥락		
157	속담	6-1 속담을 활용해요 6-2 관용 표현을 활용해요	중2 개성적인 발상과 표현
158	관용 표현		
159	발표	6-2 효과적으로 발표해요	중3 점검과 조정
160	연설		
161	이성적 설득 전략	6-2 효과적으로 발표해요	중3 논증과 설득 전략
162	감성적 설득 전략		
163	토의	5-1 토의하여 해결해요 5-2 타당성을 생각하며 토론해요	중1 예측하며 읽기와 토의 중3 주장과 토론
164	토론		
165	통일성	6-2 글 고쳐 쓰기	중2 담화와 의사소통
166	응집성		
167	지시어	6-2 글 고쳐 쓰기	중1 진로 탐색을 위한 국어 활동
168	접속어		
169	삭제	5-1 글을 요약해요	중1 요약과 판단
170	선택		
171	일반화	5-1 글을 요약해요	중1 요약과 판단
172	재구성		
173	내용 생성하기	5-1 글쓰기의 과정	중3 문제 해결 과정으로서의 읽기와 쓰기
174	내용 조직하기		

뭔말 국어 용어 200 2권		초등 국어	중등 국어
175	추가	6-2 글 고쳐 쓰기	중2 설명과 이해
176	대치		
177	설명문	5-1 글을 요약해요 6-1 주장과 근거를 판단해요	중2 설명과 이해 중3 논증과 설득 전략
178	논설문		
179	객관적	5-1 글을 요약해요 6-1 주장과 근거를 판단해요	중2 설명과 이해 중3 논증과 설득 전략
180	주관적		
181	보고서	5-1 글을 요약해요 4-1 이런 제안 어때요	중3 문장과 글쓰기 중3 논증과 설득 전략
182	건의문		
183	처음-중간-끝	5-1 글쓰기의 과정	중2 설명과 이해 중3 논증과 설득 전략
184	서론-본론-결론		
185	순접 관계	5-1 글을 요약해요	중2 설명과 이해
186	역접 관계		
187	정의	5-1 글을 요약해요	중2 설명과 이해
188	인과		
189	예시	5-1 글을 요약해요	중2 설명과 이해
190	열거		
191	비교	5-1 글을 요약해요	중2 설명과 이해
192	대조		
193	분류·구분	5-1 글을 요약해요	중2 설명과 이해
194	분석		
195	주장	6-1 주장과 근거를 판단해요	중3 논증과 설득 전략
196	근거		
197	타당성	6-1 주장과 근거를 판단해요	중3 논증과 설득 전략
198	신뢰성		
199	귀납	6-1 주장과 근거를 판단해요	중3 논증과 설득 전략
200	연역		

Y♥U쌤 & 지니어스의 추억 피드

megastagram

Y♥U쌤

LIKE 7,777

국어 사랑 = 제자 사랑 # 콩콩팥팥
1타 심은 데 1등 난다.

megastagram

국순

LIKE 750

지니어스 선발전 우승
꿈★은 이루어진다.

megastagram

국주

LIKE 520

청소년 모바일 영화제 우수상
미래 봉준호가 나가신다, 길을 비켜라~

megastagram

국준

LIKE 2,700

국주와의 첫 데이트 # 심장 터지기 3초 전
이 시대의 진정한 순정남은 나야, 나!

megastagram

국서

LIKE 2,503

중요한 건 꺾이지 않는 마음
게임 중독은 세이 굿바이~

megastagram

어흥

LIKE 1,500

만난 지 1년 기념 네컷 사진
이제 나도 인싸?! # 이미 세젤귀

왜? 뭔말 국어 용어냐고?

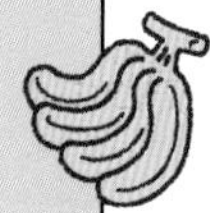

이 책을 펼친 여러분을 환영합니다.
지금부터 저와 함께 **한층** 어려워진 그러나 **훨씬** 재밌어진
100개의 헷갈리는 국어 용어를 만나게 될 것입니다.
초등-중등 교과서의 필수 개념 중 여러분을 괴롭히는
바로 그 애매한 용어들만 뽑아 쉽게 알려드립니다.

이 한 권의 책을 통해
쉽고 재미있게, 그리고 아주 깔끔하게
모든 용어를 정리해 드리겠습니다.

이제 수능 국어를 중학교부터 준비해야 할 때!
용어부터 잡아야 중학 국어를 정복할 수 있다!

모두 국능자가
되게 해 주소서!

국준이가 고백을 망친 까닭은 무엇일까요?

난이도 ★☆☆

Y♥U쌤의 보충 수업을 받으며 자신감을 얻은 국준. 드디어 짝사랑하는 국주에게 고백하지만 실패로 끝나고 마는데요. 국준이가 고백을 망친 까닭은 무엇일까요?

단서

- 언어는 생각이나 느낌을 문자, 음성과 같은 형식으로 나타낸다.
- 단어와 문장을 만드는 규칙을 어기면 표현이 어색해진다.
- 국준이가 말하는 순서에 주목하자.

❶ 언어의 내용과 형식이 일치하지 않아서

❷ 문장의 순서가 맞지 않아서

언어의 기호성

記 기록할 기 號 부르짖을 호 性 성품 성 101

언어는 일정한 내용을 형식으로 나타내는 기호임.

언어는 일정한 내용을 형식으로 나타내는 기호예요. 이것을 언어의 기호성이라고 말해요. 기호는 같은 언어를 쓰는 사회 구성원들끼리 약속된 표현 도구라고 볼 수 있죠. 언어가 다른 기호들과 다른 점은 '의미'라는 내용과 '문자' 또는 '말소리'의 형식을 갖는다는 점이에요. 예를 들어 '지름 5~10cm 정도의 둥근 모양으로 빛깔은 보통 붉으며 신맛, 단맛이 나는 열매'를 문자 '사과'로 쓰고 [사과]라고 말하죠.

언어의 규칙성

規 則 性
법 규 법 칙 성품 성

102

언어에는 일정한 규칙이 있음.

언어를 사용할 땐 지켜야 할 규칙이 있어요. 이것을 언어의 규칙성이라고 말해요. 예를 들어 우리말을 사용하는 사람이 '먹는다 밥을 혼자 나는'이라는 문장을 보면 단번에 이상하다고 느낄 수 있죠. '나는 혼자 밥을 먹는다.'와 같이 '주어*+목적어*+서술어*'의 문장의 순서를 따르지 않았기 때문이에요. 이처럼 언어의 규칙을 어기면 문장이 어색해지고 표현하고자 하는 뜻이 제대로 전달되지 않아요.

*주어(主 주인 주 語 말씀 어) : **문장에서 동작이나 상태의 주체가 되는 말**

*목적어(目 눈 목 的 과녁 적 語 말씀 어) : **문장에서 동작의 대상이 되는 말**

*서술어(敍 줄 서 述 지을 술 語 말씀 어) : **문장에서 주어의 움직임, 상태, 성질 등을 서술하는 말**

정답 공개 ❷ 문장의 순서가 맞지 않아서

국준이는 '난 하늘만큼 땅만큼 너를 좋아해.'라고 말하고 싶었는데, 너무 떨린 나머지 버벅거렸어요. 즉, 주어+목적어+서술어의 규칙에 어긋난 표현을 사용하여 국주가 무슨 뜻인지 알아듣지 못한 거예요.

핵심 정리

언어의 기호성	언어의 규칙성
• 언어는 일정한 내용을 형식으로 나타내는 기호임. • 내용은 '의미', 형식은 '문자' 또는 '말소리'가 해당함.	• 언어에는 일정한 규칙이 있음. • '주어+목적어+서술어'와 같은 문장의 순서 등이 해당함.

"우리는 전달하고자 하는 바를 문자나 말소리로 표현하지.
따라서 언어는 내용과 형식으로 이루어진 기호라고 볼 수 있어.
언어마다 정해진 규칙을 따르지 않는다면 원활한 의사소통을 하기가 어려울 거야.
언어의 기호성, 언어의 규칙성이 얼마나 중요한지 알겠지?"

국순이가 외국인의 말을 알아듣지 못한 까닭은 무엇일까요?

Q

난이도 ★☆☆

마라탕을 먹으러 간 국순이와 국주. 잘못 나온 음식 때문에 당황하는 외국인 커플을 보고 국순이가 도와주는데요. 외국인이 한마디 하자 국순이는 그만 고개를 갸우뚱했어요. 국순이가 외국인의 말을 알아듣지 못한 까닭은 무엇일까요?

단서

- 언어의 사회성과 언어의 자의성은 언어의 특성이다.
- 언어의 사회성으로 인해 사람들이 사용하는 언어를 개인이 마음대로 바꿀 수 없다.
- 언어의 자의성으로 인해 같은 의미를 나타내는 말소리가 언어마다 다르게 나타난다.

❶ 언어의 사회성

❷ 언어의 자의성

언어의 사회성

社 모일 사 會 모일 회 性 성품 성 103

언어는 그 언어를 사용하는 사람들 사이의 사회적 약속임.

우리는 왜 밤하늘에 떠 있는 천체*를 가리켜 '별'이라고 부를까요? 먼 옛날 우리나라 사람들은 서로의 생각이나 느낌, 정보를 주고받기 위해 그것을 '별'로 이름을 붙여 지금까지 이어져 오고 있어요. 즉, 밤하늘의 천체를 '별'로 부르자는 일종의 약속을 맺은 거죠. 이처럼 언어의 사회성은 같은 언어를 사용하는 사람들 사이의 사회적 약속임을 말해요.

만약 '별'이라는 단어가 마음에 들지 않는다고 해서 '봄'으로 부른다면 어떻게 될까요? 서로 무슨 말을 하는지 이해하기가 어려울 거예요. 언어는 사회적으로 널리 받아들인 이후 개인이 함부로 바꾸거나 없앨 수 없어요. 따라서 원활한 의사소통을 하기 위해서는 사회 구성원들 간 약속된 말을 사용해야 해요.

*__천체__(天 하늘 천 體 몸 체) : **우주에 존재하는 모든 물체**

언어의 자의성 恣 意 性

마음대로 자 뜻 의 성품 성 104

언어의 의미와 말소리의 관계는 우연의 결과임.

책을 읽거나 글을 쓸 때 앞에 놓고 쓰는 상을 가리켜 우리말로 '책상[책상]'이라고 말해요. 하지만 영어에서는 'desk[데스크]', 중국어는 '桌子[주어쯔]', 일본어는 '机[츠쿠에]'라고 부르죠. 즉, 같은 대상이라도 나라마다 말소리가 다양하게 나타나요. 이처럼 언어의 자의성은 언어에서 뜻과 말소리의 관계는 자의적*이고 우연히 결정된다는 것을 말해요. 언어의 내용과 형식의 관계가 반드시 고정된 것은 아니라고 볼 수 있어요.

*__자의적__(恣 마음대로 자 意 뜻 의 的 과녁 적) : **일정한 질서를 무시하고 제멋대로 하는**

정답 공개 ❷ 언어의 자의성

외국인은 도움을 준 국순이에게 프랑스어로 'Merci'라고 말했어요. 우리말로 '감사합니다'와 같은 뜻이죠. 하지만 같은 의미라도 언어마다 말소리가 다르므로 국순이는 외국인의 말을 이해할 수 없었던 거예요.

언어의 사회성	언어의 자의성
• 언어는 그 언어를 사용하는 사람들 사이의 사회적 약속임. • 개인이 함부로 바꾸거나 없앨 수 없음.	• 언어의 의미와 말소리의 관계는 우연의 결과임. • 같은 대상이라도 나라마다 말소리가 다양하게 나타남.

"'나무'라는 단어를 개인이 마음대로 바꾼다면 의사소통이 어려워질 거야. 이미 같은 언어를 사용하는 사람끼리 의미를 표현하는 형식을 약속하여 정했기 때문이지. 하지만 나라마다 'tree', '木'으로도 나타낼 수 있다는 건 언어의 의미와 그것을 표현하는 형식 사이가 필연적이지 않다는 사실을 뜻해. 언어의 사회성, 언어의 자의성의 차이를 이해하겠지?"

국순이와 친구들의 말에 숨어 있는 언어의 특성은 무엇일까요?

Q

난이도 ★☆☆

크리스마스를 앞두고 여행을 온 Y♥U쌤과 아이들. 하늘에서 내리는 눈을 보고 각자 한마디씩 하는데요. 이들이 하는 말에서 알 수 있는 언어의 특성은 무엇일까요?

단서

- 언어의 역사성과 언어의 창조성은 언어의 특성이다.
- 언어의 역사성에 의해 언어는 새로 생겨나거나, 변하고, 사라질 수 있다.
- 언어의 창조성에 의해 사람은 다른 동물과 달리 새로운 단어나 문장을 만들어 낼 수 있다.

❶ 언어의 역사성

❷ 언어의 창조성

언어의 역사성 歷 지낼 역 史 역사 사 性 성품 성 105

언어는 시간의 흐름에 따라 변화함.

'불휘 기픈 남ᄀᆞᆫ'이라는 구절을 본 적 있나요? 우리말인 듯 외국어처럼 느껴지는 이 구절은 조선 시대에 쓰여진 '용비어천가'라는 작품 중 일부예요. 현재 우리가 사용하는 말로 바꾸면 '뿌리 깊은 나무는'이 되죠. 이처럼 언어의 역사성은 시간의 흐름에 따라 언어의 소리나 의미, 문법 등이 변하는 것을 말해요.

언어가 변하는 모양은 여러 가지예요. 원래 쓰이던 말이 바뀌거나, 예전에 사용되던 말이 사라지기도 하고, 없던 말이 생기기도 하죠. 언어가 변하는 까닭은 같은 대상을 나타내던 말들이 서로 겨루다가 한쪽이 이기면 다른 한쪽은 없어지기 때문이에요. 과거에 있었던 대상이나 개념이 사라지면 그것을 가리키는 말이 없어져요. 반대로 새로운 대상이나 개념이 나타나면 그것을 표현하기 위해 생기기도 한답니다.

언어의 역사성

언어의 창조성 創 造 性 106

創 비롯할 창 造 지을 조 性 성품 성

한정된 양의 언어로 새로운 단어나 문장을 무한히 만들 수 있음.

평소 친구와 대화하거나 일기를 쓸 때 학교에서 배웠던 문장을 그대로 외워서 사용하진 않죠? 비슷한 상황을 두고도 사람마다 표현하는 말은 무궁무진할 거예요. 이처럼 언어의 창조성은 사람이 이미 알고 있는 언어를 바탕으로 새로운 단어나 문장을 무한히 만들어 낼 수 있다는 것을 말해요. 그래서 처음 보거나 듣는 문장도 한 번에 이해할 수 있죠. 단어 역시 마찬가지예요. 자음과 모음의 개수는 한정되어 있지만 이들을 결합하면 수많은 단어를 만들 수 있어요. 어린 아이가 말을 배울 때 모든 단어와 문장을 익히지 않고 아는 내용을 활용하여 새로운 문장을 만들어 내는 모습을 떠올리면 이해하기가 쉽답니다.

정답 공개 ❷ 언어의 창조성

국순이와 친구들은 똑같이 눈을 보았지만 각자 다르게 표현했어요. '눈'이라는 단어를 활용하여 다양한 문장으로 만들어 낸 거죠. 따라서 이미 알고 있는 언어를 바탕으로 새로운 문장을 만들어 내는 언어의 창조성을 확인할 수 있어요.

핵심 정리

언어의 역사성	언어의 창조성
• 언어는 시간의 흐름에 따라 변화함. • 의미나 말소리가 바뀌거나, 예전에 사용되던 말이 사라지거나, 없던 말이 생김.	• 한정된 양의 언어로 새로운 단어나 문장을 무한히 만들 수 있음. • 비슷한 상황을 두고 사람마다 표현하는 말은 무궁무진함.

"예전에 '뫼'라고 불리던 단어가 오늘날 '산'이 된 것은 언어의 역사성 때문이야. 언어는 시간이 흐르면서 바뀌거든. 또 '산'을 가지고 '산이 높다.' '산에 가자.'와 같이 표현한다면 언어의 창조성으로 이해할 수 있어. 이미 익힌 언어로 새로운 언어를 만들 수 있다는 거지. 어때, 언어의 본질에 한 걸음 가까워진 것 같니?"

국순이가 말한 ○○은 무엇일까요?

난이도 ★☆☆

국주가 Y♥U쌤의 강의를 듣고 띄어쓰기 연습을 하다가 고개를 갸웃거렸어요. 그러자 이 모습을 지켜보던 국순이가 "3○○이네!"라고 하는데요. ○○에 들어갈 말은 다음 중 무엇일까요?

단서

- 말은 음절을 단위로 발음된다.
- 음절은 글자 수, 어절은 띄어쓰기의 단위이다.

❶ 음절 ❷ 어절

음절 音 節

소리 음 마디 절

107

한 번에 소리 낼 수 있는 소리마디

음절은 의미는 없더라도 한 번에 소리 낼 수 있는 발음의 가장 작은 단위를 말해요. 모든 음절에는 모음*이 포함되어 있어요. 이때 음절의 중심이 되는 모음을 '가운뎃소리', 그 앞의 자음을 '첫소리', 그 뒤의 자음*을 '끝소리'라고 불러요. 예를 들어 누구도 '어흥'을 한 번에 소리내기는 어려워요. '어', '흥' 이렇게 두 번에 나누어 소리를 낼 수 있으므로 2음절이라고 할 수 있죠. 즉, 하나의 음절은 글자 하나로 이루어지는 것과 같아요.

***모음**(母 어머니 모 音 소리 음) : **공기의 흐름이 목이나 입안에서 막히지 않고 나오는 소리**
***자음**(子 아들 자 音 소리 음) : **공기의 흐름이 목이나 입안에서 방해를 받고 나오는 소리**

어절 語節

말씀 어 마디 절

108

문장을 구성하는 말의 마디

어절은 끊어 읽는 대로 나누어지는 말의 단위이자, 문장을 이루는 가장 작은 요소를 말해요. 각각의 단어가 모여 어절이 되고, 어절끼리 더해져 문장이 완성되는 거예요. 띄어 쓴 빈칸을 통해 어절과 어절을 구분할 수 있어요. 예를 들어 '나는 지니어스를 사랑한다.'라는 문장에서 '나는'과 '지니어스를', '지니어스를'과 '사랑한다' 사이를 각 한 칸씩 띄고 있으므로 3어절이라고 할 수 있죠. 즉, 어절은 띄어쓰기 단위와 같아요.

정답 공개 ❷ 어절

'어흥이가방에들어간다.'라는 문장은 '어흥이가 ∨ 방에 ∨ 들어간다.'로 끊어 읽을 수 있어요. 세 덩어리로 나눌 수 있으므로 3어절이 되는 거예요.

음절	어절
• 한 번에 소리 낼 수 있는 소리마디 • 글자 수와 같음.	• 문장을 구성하는 말의 마디 • 띄어쓰기 단위와 같음.

"소리 나는 대로 적었을 때 글자 하나가 1음절이고,
끊어 읽는 대로 나누었을 때 한 덩어리가 1어절이야.
음절이 되려면 반드시 모음이 있어야 한다는 점을 기억해~"

Y♥U쌤이 말한 ○○은 무엇일까요?

난이도 ★☆☆

체육 대회에서 2인 3각 달리기에 참가한 국순이와 국주. 그런데 자꾸만 발이 어긋나자 국순이가 국주를 나무라는데요. 이 모습을 지켜보던 Y♥U쌤이 한 말 중 ○○에 들어갈 말은 무엇일까요?

단서

- 말의 뜻을 구별해 주는 소리의 가장 작은 단위에는 자음과 모음이 있다.
- 'ㄱ, ㄴ, ㄷ, ㄹ, ㅁ' 등을 자음이라고 하고, 'ㅏ, ㅑ, ㅓ, ㅕ, ㅗ' 등을 모음이라고 한다.
- 자음은 모음이 있어야 소리를 낼 수 있고, 모음은 자음 없이 혼자 소리를 낼 수 있다.

❶ 자음　　❷ 모음

자음 子 音

아들 자 소리 음

109

소리를 낼 때 공기의 흐름이 발음 기관의 방해를 받으면서 나오는 소리

우리는 소리를 낼 때 목 안, 입안, 혀 등의 발음 기관을 이용해서 공기가 흐르는 통로를 막거나 좁아지게 할 수 있어요. 이처럼 공기의 흐름이 방해를 받고 나오는 소리를 자음이라고 말해요. 우리말에는 자음이 총 19개가 있는데, 기본 자음 14개(ㄱ, ㄴ, ㄷ, ㄹ, ㅁ, ㅂ, ㅅ, ㅇ, ㅈ, ㅊ, ㅋ, ㅌ, ㅍ, ㅎ)와 된소리 5개(ㄲ, ㄸ, ㅃ, ㅆ, ㅉ)로 이루어져요.

자음은 소리 나는 위치, 목청의 울림 유무, 소리 내는 방법 등에 따라 나뉠 수 있어요. 여기서 된소리는 소리의 세기에 따라 자음을 분류한 것으로, 긴장된 상태에서 나와 강하고 단단한 느낌을 주는 편이에요. 'ㄱ, ㄷ, ㅂ, ㅅ, ㅈ'는 예사소리라고 하는데 보통의 세기로 나와 가볍고 경쾌한 느낌을 주죠. 반대로 거센소리에 해당하는 'ㅋ, ㅌ, ㅍ, ㅊ'는 숨이 거세게 나오기 때문에 크고 거친 느낌을 준답니다.

모음 母 音

어머니 모 소리 음

110

소리를 낼 때 공기의 흐름이 발음 기관의 방해를 받지 않고 나오는 소리

모음은 소리를 낼 때 성대를 울리면서 공기의 흐름이 발음 기관의 방해를 받지 않고 나오는 소리를 말해요. 우리말에는 모음이 총 21개가 있는데, 단모음* 10개(ㅏ, ㅐ, ㅓ, ㅔ, ㅗ, ㅚ, ㅜ, ㅟ, ㅡ, ㅣ)와 이중 모음* 11개(ㅑ, ㅒ, ㅕ, ㅖ, ㅛ, ㅘ, ㅙ, ㅝ, ㅞ, ㅠ, ㅢ)로 이루어져요. 모음은 입안을 울려서 발음되기 때문에 자음에 비해 울림의 정도가 훨씬 커요. 또 모음 없이 발음할 수 없는 자음과 달리, 모음은 혼자서도 소리를 낼 수 있답니다.

***단모음**(單 홑 단 母 어머니 모 音 소리 음) : **소리를 낼 때 입술이나 혀가 움직이지 않는 모음**
***이중 모음**(二 두 이 重 거듭할 중 母 어머니 모 音 소리 음) : **소리를 낼 때 입술이나 혀가 움직이는 모음**

정답 공개 ❶ 자음

2인 3각 달리기는 혼자 하는 경기가 아니기 때문에 파트너와의 호흡이 중요해요. 그래서 국순이는 국주에게 '발'을 맞추자고 했는데 국주는 '말'로 잘못 알아들었어요. 우리말에서는 자음이나 모음 하나 차이로 말의 뜻이 달라지기 때문에 Y♥U쌤은 이 부분을 가리킨 거예요.

핵심 정리

자음	모음
• 소리를 낼 때 공기의 흐름이 발음 기관의 방해를 받으면서 나오는 소리 • 총 19개(ㄱ, ㄴ, ㄷ, ㄹ, ㅁ, ㅂ, ㅅ, ㅇ, ㅈ, ㅊ, ㅋ, ㅌ, ㅍ, ㅎ, ㄲ, ㄸ, ㅃ, ㅆ, ㅉ) • 모음보다 울림이 작음. • 모음 없이 발음할 수 없음.	• 소리를 낼 때 공기의 흐름이 발음 기관의 방해를 받지 않고 나오는 소리 • 총 21개(ㅏ, ㅐ, ㅓ, ㅔ, ㅗ, ㅚ, ㅜ, ㅟ, ㅡ, ㅣ, ㅑ, ㅒ, ㅕ, ㅖ, ㅛ, ㅘ, ㅙ, ㅝ, ㅞ, ㅠ, ㅢ) • 자음보다 울림이 큼. • 자음 없이 혼자 발음할 수 있음.

“ 발음할 때 목이나 입안의 어떤 자리가 막히거나 공기가 겨우 지나갈 만큼 좁아져 장애가 있다면 자음이고, 별다른 장애 없이 순조롭다면 모음이야. 둘 다 말의 뜻을 구별해 준다는 공통점이 있어. ”

국주가 제시어를 맞히지 못한 까닭은 무엇일까요?

Q

난이도 ★★☆

음악을 크게 틀어 놓은 채 상대방의 입 모양으로 제시어를 알아맞히는 게임에 참가한 국준이와 국주. 둘의 모습을 지켜보던 국서가 "서로 가리키는 단어가 다른데요?"라고 말하는데요. 국주가 제시어를 맞히지 못한 까닭은 무엇일까요?

단서

- 모음의 종류에는 크게 단모음과 이중 모음이 있다.
- 단모음은 발음하는 동안 입술이나 혀가 움직이지 않는다.
- 이중 모음은 발음을 시작할 때와 끝날 때의 입술 모양이 다르다.

① 국준이가 단모음으로 발음했다고 착각해서

② 국준이가 이중 모음으로 발음했다고 착각해서

단모음 單 母 音

홑 단 어머니 모 소리 음

111

소리를 내는 도중에 입술 모양이나 혀의 위치가 바뀌지 않는 모음

'ㅏ'를 길게 소리 내 볼까요? 이처럼 발음할 때 입술 모양이나 혀의 위치가 변하지 않는 모음을 단모음이라고 말해요. 여기에는 'ㅏ, ㅐ, ㅓ, ㅔ, ㅗ, ㅚ, ㅜ, ㅟ, ㅡ, ㅣ'가 있어요.

단모음은 입술 모양에 따라 둥글게 오므라지는 원순 모음(ㅟ, ㅚ, ㅜ, ㅗ), 평평한 평순 모음(ㅣ, ㅔ, ㅐ, ㅡ, ㅓ, ㅏ)으로 나뉘어요.

또 혀의 높낮이에 따라 입을 조금 열어서 혀의 위치가 가장 높은 고모음(ㅣ, ㅟ, ㅡ, ㅜ), 중간인 중모음(ㅔ, ㅚ, ㅓ, ㅗ), 가장 낮은 저모음(ㅐ, ㅏ)으로 분류해요. 고모음보다 중모음을 발음할 때, 중모음보다 저모음을 발음할 때 입이 점점 더 크게 벌어지죠.

혀의 최고점 위치에 따라 입천장의 중간 지점을 기준으로 혀가 앞쪽에 있는 전설 모음(ㅣ, ㅔ, ㅐ, ㅟ, ㅚ)과 뒤쪽에 있는 후설 모음(ㅡ, ㅓ, ㅏ, ㅜ, ㅗ)으로도 나눌 수 있어요.

이중 모음

二	重	母	音
두 이	거듭 중	어머니 모	소리 음

112

소리를 내는 도중에 입술 모양이나 혀의 위치가 바뀌는 모음

'ㅗ'와 'ㅏ'를 붙여서 빠르게 소리 내 보세요. 'ㅗ'에서 'ㅏ'로 입술 모양과 혀의 위치가 바뀌면서 'ㅘ'로 발음되죠? 이처럼 발음할 때 입술 모양이나 혀의 위치가 변하는 모음을 이중 모음이라고 말해요. 여기에는 'ㅑ, ㅒ, ㅕ, ㅖ, ㅛ, ㅘ, ㅙ, ㅝ, ㅞ, ㅠ, ㅢ'가 있어요.

앞에서 설명한 'ㅚ, ㅟ'는 단모음이지만 사람들이 입술이나 혀를 움직여서 말하기도 해요. 그래서 이러한 경우를 고려하여 이중 모음으로 발음하는 것도 허용하고 있어요. 예를 들어 참외는 단모음 [차뫼]나 이중 모음 [차뭬]로 발음해도 모두 맞아요.

정답 공개 ❶ 국준이가 단모음으로 발음했다고 착각해서

국준이와 국주가 말한 제시어에서 다른 곳은 딱 하나, 모음의 차이예요. 귤에서 'ㅠ'는 소리를 내는 도중 'ㅣ'에서 'ㅜ'로 입술 모양이나 혀의 위치가 변하죠. 하지만 굴에서 'ㅜ'는 변하지 않아요. 국주는 국준이의 말을 단모음으로 착각한 탓에 제대로 알아듣지 못했다고 볼 수 있어요.

핵심 정리

단모음	이중 모음
• 소리를 내는 도중에 입술 모양이나 혀의 위치가 바뀌지 않는 모음 • 총 10개(ㅏ, ㅐ, ㅓ, ㅔ, ㅗ, ㅚ, ㅜ, ㅟ, ㅡ, ㅣ) • 입술 모양, 혀의 높낮이, 혀의 최고점 위치에 따라 구분함.	• 소리를 내는 도중에 입술 모양이나 혀의 위치가 바뀌는 모음 • 총 11개(ㅑ, ㅒ, ㅕ, ㅖ, ㅛ, ㅘ, ㅙ, ㅝ, ㅞ, ㅠ, ㅢ)

"'키위를 주게 되었소, 내가'에 나타난 모음은 모두 단모음이야. 이 외의 나머지 모음은 이중 모음에 해당하지. 이 문장 하나만 외우면 단모음과 이중 모음을 헷갈릴 일은 절대 없겠지?"

국순이와 친구들의 카드는 말의 어떤 단위로 이루어져 있을까요?

난이도 ★★☆

Y♥U쌤의 생일을 축하하기 위해 깜짝파티를 준비한 국순이와 친구들. Y♥U쌤이 강의실 안으로 들어서자 카드를 보여 주는데요. 그곳에 쓰인 내용은 말의 어떤 단위로 이루어져 있을까요?

단서

- 단어와 형태소 모두 뜻을 가지지만, 단어는 혼자 쓰일 수 있다.
- 단어를 더 작게 쪼개면 형태소가 된다.
- 형태소를 더 작게 쪼개면 뜻을 잃어버리게 된다.

❶ 단어 ❷ 형태소

단어 單 語
홑 단 말씀 어

113

뜻을 가지고 홀로 쓰일 수 있는 말의 단위

단어는 뜻을 지닌 채 홀로 쓰일 수 있는 말과 이러한 말 뒤에 붙어 문법적 기능을 하는 말을 모두 가리켜요. 예를 들어 '동생이 치킨을 먹었다.'라는 문장이 있어요. 여기서 '동생', '치킨', '먹었다'는 혼자 쓸 수 있죠. 그렇다면 '이'와 '을'은 어떻게 보아야 할까요? '이'는 '동생'과 결합하여 문장의 주체가 되는 주어의 역할을, '을'은 '밥'과 결합하여 행위의 대상이 되는 목적어의 역할을 부여하는데, 이러한 말을 '조사'라고 불러요. 조사는 홀로 쓰일 수 없지만, 앞말에 붙어 쉽게 분리될 수 있다는 점에서 단어로 인정된답니다. 따라서 '동생이 치킨을 먹었다.'는 '동생', '이', '치킨', '을', '먹었다'의 다섯 개의 단어로 이루어진 문장이에요.

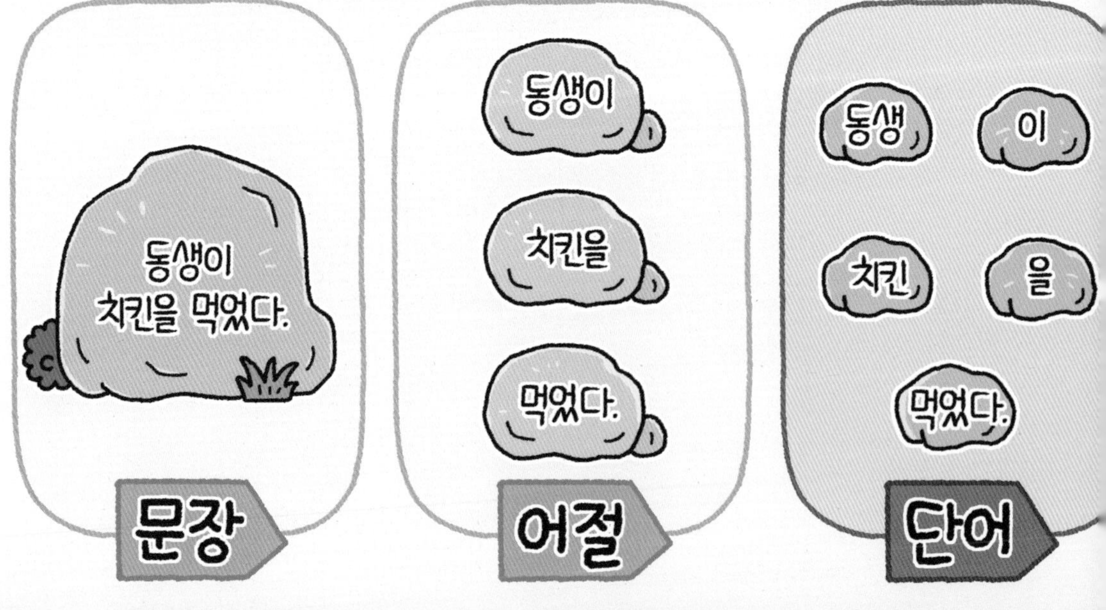

형태소 形 態 素

형상 형 모양 태 흴 소

114

뜻을 가진 가장 작은 말의 단위

형태소는 뜻을 지닌 가장 작은 말의 단위를 가리켜요. 그래서 그 이상 나누면 원래의 의미를 잃어버리게 되죠. 단어가 혼자 자립*해서 쓸 수 있는 말이라면, 형태소는 단어를 더 작게 쪼갠 거예요. 앞에서 설명한 예시에서 '먹었다'의 경우, '먹-'은 음식을 입을 통해 몸속으로 들여보내는 행위를 나타내요. '-었-'은 과거에 벌어졌음을 뜻하고, '-다'는 어떤 사건이나 사실, 상태를 서술하며 문장을 마무리하는 부분이에요. '먹었다'라는 하나의 단어는 '먹-', '-었-', '-다'라는 세 개의 형태소로 이루어진 거죠.

하지만 '동생'의 경우 '동'과 '생'으로 나누었을 때 각각 의미를 갖진 않아요. 쪼개진 글자만 보고 동생을 떠올릴 수 없기 때문에 '동생'은 그 자체로 하나의 형태소가 되는 거예요. 따라서 '동생이 치킨을 먹었다.'는 '동생', '이', '치킨', '을', '먹-', '-었-', '-다'의 일곱 개의 형태소로 이루어진 문장이에요.

*자립(自 스스로 자 立 설 립) : 남에게 의지하지 않고 스스로 섬.

정답 공개 ❶ 단어

국순이와 친구들이 들고 있는 카드에 적힌 말들은 각각 뜻을 지닌 채 홀로 쓰일 수 있어요. 즉, '선생님 생신을 축하합니다.'는 네 개의 단어로 이루어진 문장이에요.

핵심 정리

단어	• 뜻을 가지고 홀로 쓰일 수 있는 말의 단위 • 홀로 쓰일 수 있는 말 뒤에 붙어 쉽게 분리할 수 있는 조사를 포함함.
▼	
형태소	• 뜻을 가진 가장 작은 말의 단위 • 한 개 이상의 형태소들이 모여 단어의 의미를 이룸.

"형태소를 쪼개서 원래의 의미를 잃어버리면 더 이상 형태소가 될 수 없어. '구름'이라는 단어를 '구'와 '름'으로 나누면 무엇을 뜻하는지 알 수가 없지. 따라서 '구름'은 하나의 형태소로 이루어진 단어인 거야."

국주가 한 말 중 밑줄 친 부분은 어떤 종류의 형태소일까요?

Q

난이도 ★★☆

점심시간이 되자 급식실로 쏜살같이 달려간 국순이와 친구들. 메뉴를 보던 국주가 한 마디 하자 국순이가 국준이에게 돌발 퀴즈를 내는데요. 국주가 한 말 중 밑줄 친 부분은 어떤 종류의 형태소일까요?

단서

- 형태소는 자립성에 따라 자립 형태소와 의존 형태소로 나뉜다.
- 자립 형태소는 홀로 쓰일 수 있지만, 의존 형태소는 다른 말에 기대어 쓰인다.

❶ 자립 형태소

❷ 의존 형태소

자립 형태소

自 스스로 자 立 설 립

115

홀로 쓰일 수 있는 형태소

형태소는 홀로 쓰일 수 있느냐, 없느냐에 따라 나뉘어요. 그중에서도 다른 형태소의 도움 없이 홀로 쓰일 수 있다면 자립 형태소라고 말해요. 예를 들어 '국서가 책을 읽었다.'라는 문장에서 자립 형태소를 찾아볼까요? '국서', '책'은 다른 말과 결합하지 않고도 '국서 책 자주 읽더라.'와 같이 단독으로 쓰일 수 있으므로 자립 형태소에 해당해요. 이처럼 자립 형태소는 단어가 될 수 있어요.

의존 형태소

依 의지할 의 存 있을 존

116

다른 말에 붙어서 쓰이는 형태소

홀로 쓰일 수 없어서 다른 형태소와 결합한다면 의존 형태소라고 말해요. 앞에서 설명한 예시에서 '읽었다'를 형태소로 분석해 보면 '읽–', '–었–', '–다'로 나눌 수 있어요. 이때 세 개의 형태소는 단독으로 쓰일 수 없어요. 서로 결합을 해야 단어가 되기 때문이죠. '가', '을'과 같은 조사* 역시 단어로 여겨지지만 홀로 쓰일 수 없으므로 의존 형태소에 해당해요. 즉, '국서가 책을 읽었다.'는 '국서', '책'이라는 두 개의 자립 형태소와 '가', '을', '읽–', '–었–', '–다'라는 다섯 개의 의존 형태소로 이루어져 있어요.

*조사(助 도울 조 詞 말 사) : 앞말에 붙어 문장 안에서 어떤 자격을 갖게 하는 말

정답 공개 ② 의존 형태소

밑줄 친 부분에서 '이'는 조사이고 '좋아'는 '좋-', '-아'로 나눌 수 있어요. 이들은 모두 앞말에 붙거나 다른 형태소 없이 홀로 쓰일 수 없으므로 의존 형태소에 해당한답니다.

핵심 정리

자립 형태소	의존 형태소
• 홀로 쓰일 수 있는 형태소 • 단어가 될 수 있음.	• 다른 말에 붙어서 쓰이는 형태소 • 단어이지만, 홀로 쓰일 수 없는 조사 등이 해당함.

"형태소는 자립성에 따라 두 가지로 나뉘지.
혼자 쓰일 수 있다면 자립 형태소! 다른 말에 기대어 쓰인다면 의존 형태소!
단, 조사는 단독으로 쓸 수 없는 의존 형태소이지만
동시에 단어로 인정된다고~"

두 사람이 만든 문장에서 실질 형태소는 몇 개일까요?

난이도 ★★☆

국순이와 국주가 카드 게임을 하고 있어요. 각각의 카드를 조합하면 하나의 문장이 완성되는데요. 두 사람이 만든 문장에서 실질 형태소는 몇 개일까요?

단서

- 형태소는 의미의 유무에 따라 실질 형태소와 형식 형태소로 나뉜다.
- 실질 형태소는 실질적인 의미, 형식 형태소는 문법적인 의미를 갖는다.

① 1개 ② 2개 ③ 3개 ④ 4개

실질 형태소 實 質 열매 실 바탕 질

117

실질적인 의미를 지닌 형태소

형태소는 실질적인 의미를 가지고 있느냐, 없느냐에 따라 나누어지기도 해요. 그중에서도 구체적인 대상이나 동작, 상태를 나타내며 실제 의미를 지니고 있다면 실질 형태소라고 말해요. 예를 들어 '개나리가 활짝 피었다.'라는 문장에서 실질 형태소를 찾아볼까요? '개나리'는 '이른 봄에 잎보다 노란 꽃이 피어나는 식물', '활짝'은 '꽃잎이 한껏 핀 모양'이라는 대상과 정도를 나타내요. '피-' 역시 '꽃봉오리가 벌어지다.'라는 상태를 뜻하죠. 따라서 '개나리', '활짝', '피-'는 실질 형태소에 해당해요.

형식 형태소

形 모양 형 式 법 식

118

문법적인 기능만 지닌 형태소

실질 형태소에 붙어서 말과 말 사이의 문법적인 관계를 나타낸다면 형식 형태소라고 말해요. 앞에서 설명한 예시에서 '가'는 '개나리'라는 형태소와 결합하여 '개나리'가 문장에서 주어의 역할을 하도록 만들어 주죠. '-었-'은 사건이 벌어진 시점이 과거임을 의미해요. '-다'는 문장을 끝맺도록 도와주는 말이에요. 즉, '개나리가 활짝 피었다.'는 '개나리', '활짝', '피-'라는 세 개의 실질 형태소와 '가', '-었-', '-다'라고 하는 세 개의 형식 형태소로 이루어져 있어요.

정답 공개 ③ 3개

실질 형태소가 구체적인 대상과 상태를 나타내므로 '하늘이 높고 푸르다.'에서는 '하늘', '높-', '푸르-'가 해당돼요. 나머지 '이', '-고', '-다'는 말과 말 사이의 문법적인 관계만 보여 주는 형식 형태소예요. 이렇게 문장은 실질 형태소와 형식 형태소로 쪼개어질 수 있답니다.

핵심 정리

실질 형태소	형식 형태소
• 실질적인 의미를 지닌 형태소 • 구체적인 대상, 동작, 상태를 나타냄.	• 문법적인 기능만 지닌 형태소 • 실질 형태소에 붙어서 말과 말 사이의 문법적인 관계를 나타냄.

"형태소는 의미의 유형에 따라 두 가지로 나뉘지.
구체적인 의미를 가진다면 실질 형태소! 문법적인 기능만 한다면 형식 형태소!
'국주의 새 옷이 예쁘다.'라는 문장에서 '국주', '새', '옷', '예쁘-'는
실질 형태소이고 '의', '이', '-다'는 형식 형태소야."

고유어를 사용한 가게는 몇 개일까요?

Q

난이도 ★☆☆

인사동 거리를 지나는 Y♥U쌤과 국서. 한글로 된 간판을 보고 신기해하는 국서에게 Y♥U쌤이 "고유어를 사용한 가게도 꽤 있네?"라고 하는데요. 고유어를 사용한 가게는 몇 개일까요?

단서

- 우리말 어휘는 유래에 따라 고유어, 한자어, 외래어로 나뉜다.
- 고유어에는 우리 민족의 문화와 정신이 담겨 있다.
- 고유어는 한자어보다 정서나 감각을 다양하게 표현할 수 있다.

❶ 1개　❷ 2개　❸ 3개　❹ 4개

고유어 固 有 語

굳을 고 있을 유 말씀 어

119

원래부터 우리말에 있었거나 그것에 기초하여 새로 만들어진 순우리말

고유어는 다른 나라에서 들여온 것이 아니라 예로부터 존재하던 순우리말이에요. 그래서 우리 민족 고유의 문화와 정서가 담겨 있죠. '무지개', '지우개', '주머니', '불고기' 등 수많은 고유어가 현재까지도 일상생활에서 자주 쓰이는데 하나의 고유어가 여러 가지 의미를 지니기도 해요. '하늘이 맑다.'에서 '하늘'은 '지평선* 위로 보이는 공간'을 뜻하지만, '네 죄는 하늘이 알고 있다.'에서 '하늘'은 '신'을 가리키죠. 또 '반들반들하다', '우당탕' 등 모양이나 색깔, 소리, 냄새, 맛, 감촉을 생생하게 나타내는 의성어, 의태어 중에 고유어가 많은 편이에요.

*지평선(地 땅 지 平 평평할 평 線 선 선) : **편평한 땅의 끝과 하늘이 맞닿아 경계를 이루는 선**

한자어 漢 字 語

한나라 한 글자 자 말씀 어

120

한자에 기초하여 만들어진 말

한자어는 중국의 한자를 바탕으로 만들어진 말이에요. 한자로 된 말이라도 일상생활에서 사용된다면 우리말로 인정되죠. 국어사전을 검색하면 한자어의 비율이 절반 이상을 차지해요.

한자어는 뜻글자*이기 때문에 복잡하거나 추상적*인 개념을 표현할 때 자주 사용해요. 또 고유어에 비해 정확하고 세세한 의미를 가져요. 그러다 보니 한 개의 고유어가 두 개 이상의 한자어와 짝지어지기도 해요. 예를 들어 고유어 '생각하다'는 한자어 '사고(思考)하다', '판단(判斷)하다', '궁리(窮理)하다', '고안(考案)하다' 등으로 나타낼 수 있죠. 따라서 한자어는 전문 분야에서 유용하게 쓰이는 편이에요.

*뜻글자(뜻글 字 글자 자) : 각각의 글자가 소리와 상관없이 일정한 뜻을 나타내는 문자
*추상적(抽 뺄 추 象 코끼리 상 的 과녁 적) : 구체성이 없이 사실이나 현실에서 멀어져 막연하고 일반적인

정답 공개 ❷ 2개

무지개 꽃집과 따끈따끈 김밥의 '무지개', '꽃집', '따끈따끈', '김밥'은 모두 옛날부터 사용해 온 순우리말이자 고유어로 이루어진 이름이에요. 하지만 미소 화방과 백옥 도자기는 '미소(微笑)', '화방(畫房)', '백옥(白玉)', '도자기(陶瓷器)'로 구성된 한자어라고 할 수 있죠.

핵심 정리

고유어	한자어
• 원래부터 우리말에 있었거나 그것에 기초하여 새로 만들어진 순우리말 • 민족 고유의 문화, 정서가 담겨 있음.	• 한자에 기초하여 만들어진 말 • 고유어보다 정확하고 세세한 의미를 가짐. → 전문 분야에서 자주 쓰임.

"순우리말이고, 감각이나 감정을 다양하게 표현할 수 있다면 고유어!
한자를 바탕으로, 복잡하거나 추상적인 의미를 간단하게 나타낸다면 한자어!
단어가 생겨난 뿌리에 주목해 봐~"

국순이가 의사의 말을 이해하지 못한 까닭은 무엇일까요?

난이도 ★★☆

국순이가 발을 다쳐서 응급실에 실려 갔어요. 의사의 진찰 결과를 듣던 국순이는 그만 고개가 갸우뚱해졌는데요. 국순이가 의사의 말을 이해하지 못한 까닭은 무엇일까요?

단서

- 의사는 방언을 사용하고 있다.
- 방언의 종류에는 지역 방언과 사회 방언이 있다.
- 지역 방언은 지역 구분, 사회 방언은 나이, 성별, 직업 등에 따라 달라진다.

① 지역이 달라서

② 전문 분야에서 사용되는 용어라서

지역 방언

地 땅 지 域 지경 역 方 모 방 言 말씀 언

121

지역적 원인에 따라 달라진 말

한 나라에서 두루 쓰이며 기준이 되는 말을 '표준어'라고 하고, 같은 지역이나 집단에서 끼리끼리 사용되는 말을 '방언'이라고 해요. 신문이나 방송 등 공식적인 상황에서 다양한 사람들을 대상으로 말할 때는 표준어를 사용하지만, 같은 지역에 사는 사람들이 개인적인 이야기를 나눌 때는 방언을 쓰죠.

이러한 방언은 달라진 원인에 따라 두 가지로 나뉘어요. 먼저 지역 방언은 같은 언어를 쓰는 사람들이 각각 다른 지역에 살게 되면서 달라진 말을 말해요. 그래서 지역 방언에는 해당 지역만의 문화와 전통, 역사, 생활 모습 등이 담겨 있어요. 서로 가까운 지역보다 먼 지역 간에 방언 차이가 큰 편인데, 같은 지역 방언을 사용하는 사람들끼리는 친밀감을 느껴요.

사회 방언 社 會 方 言

모일 사 모일 회 모 방 말씀 언

122

사회적 원인에 따라 달라진 말

사회 방언은 나이, 성별, 직업 등에 따라 서로 다른 형태로 나타나는 말을 말해요. 특히 세대나 전문 분야에 따라 사용하는 말의 차이가 크죠. 청소년은 단어를 줄이거나 유행어를 통해 그들만의 개성과 심리를 표현해요. 산삼을 캐는 심마니같이 특정 집단에 속한 사람들은 '산삼'을 '심'이라고 부르는 등 은어*를 통해 비밀을 유지해요. 의사나 변호사처럼 전문 분야에 있는 사람들은 전문어*를 통해 일을 효율적으로 수행해요. 그래서 같은 사회 방언을 사용하는 사람들끼리는 친밀감을 느끼고 쉽게 의사소통하지만, 세대가 다르거나 전문 분야에 속하지 않는 사람은 의미를 이해하지 못해 소외감을 느낄 수 있어요.

*은어(隱 숨을 은 語 말씀 어) : 다른 사람들이 알아듣지 못하도록 특정 집단에 속한 사람들끼리 사용하는 말
*전문어(專 오로지 전 門 문 문 語 말씀 어) : 전문성이 필요한 분야에서 그 일을 효과적으로 하기 위해 사용하는 말

사회 방언

정답 공개 ❷ 전문 분야에서 사용되는 용어라서

의사는 국순이의 증상에 대해 의학 용어로 진단을 내렸어요. 간호사 등 같은 분야에 있는 사람들끼리는 효율적으로 의사소통할 수 있지만 일반인들은 쉽게 설명해 주지 않으면 무슨 뜻인지 알기 어려워요. 즉, 국순이는 의사가 사용한 사회 방언을 이해할 수 없었던 거예요.

핵심 정리

지역 방언	사회 방언
• 지역적 원인에 따라 달라진 말 • 해당 지역만의 문화, 전통, 역사, 생활 모습 등이 담겨 있음.	• 사회적 원인에 따라 달라진 말 • 유행어: 청소년의 개성과 심리를 표현함. 은어: 특정 집단 간에 비밀을 유지함. 전문어: 전문 분야에서 일을 효율적으로 수행함.
• 같은 방언을 쓰는 사람들은 친밀감을 느끼지만, 그렇지 않을 경우 의사소통에 어려움이 생김.	

우리말은 달라진 원인에 따라 두 가지로 나뉘지.
산, 강 등 지역 구분 때문이라면 지역 방언!
세대, 성별, 직업 등 사회적 원인 때문이라면 사회 방언!
의사소통을 할 때는 상대방과 상황에 맞는 적절한 언어를 사용해야 해.

국주가 국준이의 말을 이해하지 못한 까닭은 무엇일까요?

Q

난이도 ★★☆

깜짝 놀랄 만한 소식을 가지고 국주네 반에 간 국준이. 그런데 너무 간단하게 전한 나머지 국주가 알아듣지 못하는데요. 국주가 국준이의 말을 이해하지 못한 까닭은 무엇일까요?

단서

- 품사는 단어를 공통된 성질에 따라 분류한다.
- 문장 성분은 문장을 만드는 데 일정한 역할을 한다.

❶ 품사가 불완전해서

❷ 문장 성분이 불완전해서

품사 品 물건 품 詞 말씀 사

123

단어를 공통된 성질에 따라 나눈 갈래*

'농구, 야구, 달콤하다, 짜다'라는 단어들을 둘로 나누어 볼까요? 대부분 운동 경기의 이름을 나타내는 '농구, 야구', 음식의 맛을 표현하는 '달콤하다, 짜다'로 나눌 거예요.

이처럼 우리말 가운데 공통된 성질을 지닌 단어끼리 모아 놓은 갈래를 품사라고 말해요. 국어의 품사는 형태, 기능, 의미에 따라 나눌 수 있어요. 첫째, 문장 안에서 단어의 형태가 변하면 가변어, 변하지 않으면 불변어라고 해요. 둘째, 문장에서 주로 주체*가 되는 역할을 하면 체언, 주체의 동작, 상태, 성질 등을 서술하면 용언, 다른 말을 꾸며 주면 수식언, 다른 말과의 문법적 관계를 나타내면 관계언, 독립적으로 쓰이면 독립언으로 구분해요. 마지막으로 단어가 가진 공통된 의미에 따라 명사, 대명사, 수사, 동사, 형용사, 관형사, 부사, 조사, 감탄사로 나뉘어요.

*갈래 : 하나에서 둘 이상으로 갈라져 나간 낱낱의 부분

*주체(主 주인 주 體 몸 체) : 문장 안에서 동작이나 상태를 나타내는 대상

문장 성분 文章成分

文 글월 문 | 章 글월 장 | 成 이룰 성 | 分 나눌 분

124

문장 안에서 일정한 문법적 기능을 하는 부분

'와, 국준이가 빨리 달린다.'라는 문장을 살펴볼까요? '국준이가'는 문장의 주체, '달린다'는 주체의 동작, '빨리'는 동작이 어떠한지 덧붙여 설명하는 역할을 하죠. 이처럼 문장을 구성하면서 일정한 문법적 기능을 하는 부분을 문장 성분이라고 말해요. 국어의 문장 성분은 문장 안에서 역할에 따라 일곱 가지로 나눌 수 있어요. 첫째, '국준이가', '달린다'와 같이 문장을 이루는 데 꼭 필요한 '주성분'에는 주어, 서술어, 목적어, 보어가 있어요. 둘째, '빨리'처럼 주성분의 내용을 꾸며 주는 '부속 성분'은 관형어, 부사어로 구분해요. 마지막으로 '와'와 같이 다른 문장 성분과 직접적인 관련 없이 독립적으로 쓰이는 '독립 성분'에는 독립어가 있어요.

정답 공개 ❷ 문장 성분이 불완전해서

국준이는 콘서트가 어떻게 되었는지를 설명하지 않아 국주를 답답하게 했어요. 문장에서 '콘서트'라는 주체의 상태를 풀이하는 문장 성분이 빠져 있던 거죠. 그래서 국주는 무슨 말인지 알아들을 수 없었던 거예요.

핵심 정리

품사		문장 성분	
• 단어를 공통된 성질에 따라 나눈 갈래 • 형태, 기능, 의미에 따라 구분함.		• 문장 안에서 문법적 기능을 하는 부분 • 역할에 따라 구분함.	
형태	불변어, 가변어	주성분	주어, 서술어, 목적어, 보어
기능	체언, 용언, 수식언, 관계언, 독립언	부속 성분	관형어, 부사어
의미	명사, 대명사, 수사, 동사, 형용사, 관형사, 부사, 조사, 감탄사	독립 성분	독립어

"단어 '예쁘다'는 품사로 형용사야. 하지만 '꽃이 예쁘다.'에선 문장 성분으로 서술어, '예쁜 꽃이 피었다.'에선 '꽃'이라는 명사를 꾸며 주는 관형어지. 이렇게 같은 단어라도 품사는 변하지 않지만 문장에서 역할에 따라 문장 성분은 달라질 수 있어."

Y♥U쌤이 말한 단어는 어떤 품사에 해당할까요?

난이도 ★★☆

겁이 많은 국준이의 담력을 키우기 위해 특별 임무를 맡은 국서. 천둥 치는 밤 작전을 개시하는데요. 그 모습을 지켜보던 Y♥U쌤이 한마디 하는데 다음 중 어떤 품사에 해당할까요?

단서

- 품사를 형태에 따라 분류할 수 있다.
- 문장에서 단어의 형태가 변하지 않으면 불변어, 변하면 가변어이다.
- 가변어는 문장에서 쓰임에 따라 단어의 형태가 달라진다.

① 불변어　② 가변어

불변어

不 變 語
아닐 불 변할 변 말씀 어

125

문장에서 형태가 변하지 않는 단어

단어가 문장에서 쓰일 때 형태가 변하는지, 아닌지에 따라 두 가지로 분류할 수 있어요. 그중에서도 불변어는 형태가 변하지 않는 단어를 말해요. 예를 들어 '이 가방은 예쁘다.', '누가 이 가방 주인이니?', '가방 속에 넣어 둔 쿠키가 사라졌다.'라는 문장들이 있어요. 이때 '가방'은 어떤 문장에서도 형태가 바뀌지 않고 그대로 사용되죠? 이름을 나타내는 명사를 포함하여 이름을 대신하여 가리키는 대명사, 수량이나 순서를 뜻하는 수사, 다른 말을 꾸며 주는 관형사와 부사, 느낌이나 대답 등을 나타내는 감탄사, 다른 말과의 문법적 관계를 보여 주는 조사는 불변어에 해당한답니다.

가변어 可 變 語

옳을 가 변할 변 말씀 어

126

문장에서 형태가 변하는 단어

가변어는 형태가 변하는 단어를 말해요. 예를 들어 '우리 동네 고양이 중에 어흥이가 제일 크다.', '밤하늘에 크고 작은 별들이 떠 있다.', '이다음에 크면 Y♥U쌤 같은 선생님이 되어야지.'라는 문장들이 있어요. 이때 '크다'는 문장에서 쓰임에 따라 '크고', '크면' 등 다양한 형태로 바뀌어요. 형태가 변할 때 바뀌지 않는 부분을 '어간', 그 뒤에 붙어서 바뀌는 부분을 '어미'라고 해요. '크다', '크고', '크면'에서 바뀌지 않는 부분인 '크-'는 어간이고, '-다', '-고', '-면'은 어미예요. 움직임을 나타내는 동사, 상태나 성질을 표현하는 형용사는 가변어에 해당한답니다. 한편 조사는 불변어지만, 서술격 조사*인 '이다'의 경우 '이고', '이니', '이므로' 등으로 바뀌기 때문에 가변어라고 할 수 있어요.

*서술격 조사(敍 줄 서 述 지을 술 格 격식 격 助 도울 조 詞 말씀 사) : 문장 안에서 주어의 움직임, 상태, 성질 등을 서술하는 말의 자격을 가지도록 하는 조사

정답 공개 ❷ 가변어

국준이는 귀신처럼 행동하는 국서 때문에 깜짝 놀라 비명을 지르고 말았어요. Y♥U쌤의 '재밌네, 재밌어~'는 그런 국준이의 상태를 표현하고 있죠. 즉, 형용사 '재밌다'에서 어간 '재밌-'과 어미 '-네', '-어'가 각각 합쳐진 가변어라고 볼 수 있어요.

핵심 정리

불변어	가변어
• 품사를 형태에 따라 분류함.	
• 문장에서 형태가 변하지 않는 단어 • 체언(명사, 대명사, 수사), 수식언(관형사, 부사), 독립언(감탄사), 관계언(조사)이 포함됨.	• 문장에서 형태가 변하는 단어 • 용언(동사, 형용사), 서술격 조사(이다)가 포함됨.

" 조사는 형태가 변하지 않는 불변어에 해당해. 하지만 서술격 조사 '이다'는 '이고', '이니', '이므로'와 같이 활용되므로 예외야. 형태가 변하는 가변어로 분류된다는 거지. 이 부분에 밑줄 짝 그어~ "

국주와 친구들의 대화에서 빈칸에 들어갈 말은 무엇일까요?

Q

난이도 ★★☆

국주가 아이돌 팬 사인회에 갔어요. 그리고 실시간으로 친구들에게 상황을 전하는데요. 빈칸에 차례대로 들어갈 말은 무엇일까요?

단서
- 빈칸에 들어갈 말은 모두 대명사이다.
- 대명사는 대상의 이름을 대신 가리킨다.
- 앞 사람의 말에 주목하자.

❶ 거기, 그분	❷ 그것, 이분

명사 名 詞

이름 명 말씀 사

127

사람이나 사물 등의 이름을 나타내는 단어

명사는 사람, 사물 등 구체적이거나 추상적인 대상의 이름을 나타내는 단어를 말해요. '거울', '자전거'처럼 직접 보고 만질 수 있는 사물이나 '행복'과 같이 머릿속으로만 떠올릴 수 있는 개념을 모두 포함하는 거죠.

이러한 명사는 사용 범위에 따라 두 가지로 나뉘어요. 여러 대상에 두루 쓰이는 '보통 명사'와 특정한 대상에만 붙일 수 있는 '고유 명사'가 있어요. 예를 들어 'Y♥U쌤이 백화점에서 산 것은 옷이다.'라는 문장에서 '옷', '백화점'은 같은 종류의 대상에 널리 사용할 수 있으므로 보통 명사이지만, 'Y♥U쌤'은 딱 한 명을 가리키므로 고유 명사예요.

또 자립성*에 따라 두 가지로 분류하기도 해요. 홀로 쓰일 수 있는 '자립 명사'와 반드시 앞에 꾸며 주는 말이 와야 하는 '의존 명사'가 있어요. 'Y♥U쌤', '백화점', '옷'은 단독으로 쓰일 수 있으므로 자립 명사이고, '것'은 앞에 '산'과 같이 다른 품사의 꾸밈을 받아야만 하므로 의존 명사에 해당해요.

*자립성(自 스스로 자 立 설 립 性 성품 성) : 남에게 의지하지 않고 자기 스스로 서려는 성질

대명사 代 名 詞

대신할 대 이름 명 말씀 사

128

사람이나 사물, 장소의 이름을 대신 나타내는 단어

대명사는 말 그대로 사람, 사물, 장소의 이름을 대신하여 가리키는 단어를 말해요. 예를 들어 'Y♥U쌤은 백화점에 갔다. 그녀는 그곳에서 옷을 샀다. 그리고 그것을 옷장에 걸었다.'라는 문장이 있어요. '그녀'는 'Y♥U쌤', '그곳'은 '백화점', '그것'은 '옷'이라는 명사를 대신 나타내므로 대명사에 해당해요.

이러한 대명사는 사물이나 장소를 나타내는 '지시 대명사'와 사람을 가리키는 '인칭 대명사'로 나뉘어요. 앞에서 설명한 문장에서 '그것', '그곳'은 각각 사물과 장소를 말하므로 지시 대명사이고, '그녀'는 사람을 나타내므로 인칭 대명사예요.

한편 인칭 대명사는 자신을 가리키는 '1인칭 대명사', 듣는 사람을 가리키는 '2인칭 대명사', 말하는 사람도 듣는 사람도 아닌 제삼자*를 가리키는 '3인칭 대명사'로 분류하기도 해요.

*제삼자(第 차례 제 三 석 삼 者 사람 자) : 일정한 일에 직접 관계가 없는 사람

대명사의 종류

1. 사람의 이름 대신 가리키는 단어
나, 너, 그, 그녀, 우리, 너희, 누구

2. 사물의 이름 대신 가리키는 단어
이것, 저것, 그것, 무엇

3. 장소의 이름 대신 가리키는 단어
여기, 저기, 거기, 이곳, 저곳, 그곳, 어디

정답 공개 ❶ 거기, 그분

국준이와 국순이는 앞에 나왔던 단어의 불필요한 반복을 피하기 위해 대명사를 사용했어요. 따라서 첫 번째 빈칸은 '팬 사인회'라는 장소의 이름를 대신하여 가리키므로 '거기'가 적절해요. 두 번째 빈칸은 국주와 가까이에 있는 '오빠'라는 사람의 이름을 나타내므로 '그분'이 되는 거예요.

핵심 정리

명사	대명사
• 품사(체언)에 해당함.	
• 사람, 사물 등의 이름을 나타내는 단어 • 사용 범위(보통 명사, 고유 명사), 자립성(자립 명사, 의존 명사)에 따라 구분함.	• 사람, 사물, 장소의 이름을 대신 나타내는 단어 • 가리키는 대상(지시 대명사, 인칭 대명사)에 따라 구분함.

"'산'은 널리 쓰이는 보통 명사이지만 '한라산', '백두산'은
특정한 산의 이름이기 때문에 고유 명사에 해당하지.
위 산들을 대신하여 '거기'라는 대명사로 표현할 수도 있어."

국서의 말에서 수사에 해당하는 단어는 무엇일까요?

Q

난이도 ★★☆

국순이와 친구들은 집으로 돌아가는 길에 별똥별을 보게 되었어요. 그래서 서둘러 소원을 비는데요. 밑줄 친 단어 중 수사에 해당하는 것은 무엇일까요?

단서

- 문장에서 수사는 형태가 변하지 않는다.
- 수사는 수량이나 순서를 셀 때 사용한다.

❶ 둘, 첫째, 둘째 ❷ 둘, 이야, 첫째, 가, 둘째

수사 數 詞

셀 수 말씀 사

129

사람, 사물 등의 수량이나 순서를 나타내는 단어

수사는 사람, 사물 등의 수량이나 순서를 가리키는 단어를 말해요. 이때 '하나', '둘'처럼 수량을 세는 '양수사'와 '첫째', '둘째'와 같이 순서를 표현하는 '서수사'로 나뉘어요.

문장 안에서 수사는 명사, 대명사와 달리 '–들' 등의 말과 함께 쓸 수 없어요. 복수* 표현이 어렵기 때문에 '하나하나'처럼 수사를 반복해서 사용하기도 하죠. 형태가 같더라도 수사가 아닌 경우도 있어요. 예를 들어 '국주가 사탕 다섯 개를 나누어 주었다.'라는 문장에서 '다섯'은 뒤에 오는 '개'를 꾸며 주므로 관형사*에 해당한답니다.

*복수(複 겹옷 복 數 셀 수) : 둘 이상의 수

*관형사(冠 갓 관 形 모양 형 詞 말씀 사) : 명사, 대명사, 수사의 앞에서 자세히 꾸며 주는 단어

조사 助 詞

도울 조 말씀 사

130

다른 말과의 문법적 관계를 나타내거나 특별한 뜻을 더해 주는 단어

조사는 다른 말에 붙어서 문법적 관계를 나타내거나 특별한 뜻을 더해 주는 단어를 말해요. 주로 명사, 대명사, 수사와 결합하는 편이에요.

문장 안에서 조사는 기능과 의미에 따라 앞에 오는 단어가 일정한 자격을 갖도록 만드는 '격 조사', 앞말에 특별한 뜻을 더해 주는 '보조사', 두 단어를 같은 자격으로 이어 주는 '접속 조사'로 나뉘어요. 예를 들어 '국서가 빵집에 갔다.'라는 문장이 있어요. '가'는 빵집에 가는 행위를 하는 국서가 문장의 주체가 되도록 만들어 주므로 격 조사예요. '에' 역시 국서가 가는 곳이 어디인지 나타내 주는 부사어로서의 자격을 갖도록 하므로 격 조사가 되죠. 한편 'Y♥U쌤도 빵집에 갔다.'에서 '도'는 추가의 뜻을 더해 주기 때문에 보조사예요. '국서와 Y♥U쌤'에서 '와'는 두 단어를 연결해 주는 접속 조사에 해당한답니다.

조사의 종류

1. 다른 말과의 문법적 관계를 나타내는 단어(격 조사)
이/가, 께서, 을/를, 이다, 의, 으로, 에, 에게, 에서, 아/야
2. 특별한 뜻을 더해 주는 단어(보조사)
은/는, 도, 만, 조차, 마저, 부터, 까지
3. 두 단어를 같은 자격으로 연결하는 단어(접속 조사)
와/과, 하고, (이)며, (이)랑

정답 공개 ❶ 둘, 첫째, 둘째

국준이는 소원의 개수와 순서를 나타내기 위해 수사를 사용했어요. 하지만 '이야'의 원래 형태인 '이다'와 '가'는 각각 문장 안에서 주어의 움직임, 상태, 성질 등을 서술하는 말이나 주어의 자격을 갖도록 도와주는 격 조사예요.

핵심 정리

수사	조사
• 품사에 해당함.	
• 사람, 사물 등의 수량이나 순서를 나타내는 단어 • 수량은 양수사, 순서는 서수사로 구분함.	• 다른 말과의 문법적 관계를 나타내거나 특별한 뜻을 더해 주는 단어 • 격 조사, 보조사, 접속 조사로 구분함.

"조사는 홀로 쓰일 수 없어 주로 체언 뒤에 붙지.
그런데 '국준이는 빨리도 달린다.', '국순이는 먹기만 한다.'와 같이 부사나 용언에 붙기도 해.
'국주는 학교에서도 잔다.'처럼 조사 여러 개를 겹쳐서 쓸 수도 있지~"

국주의 말에서 [ ]에 들어갈 품사는 무엇일까요?

난이도 ★★☆

점심시간 각자의 방식대로 시간을 보내는 국순이와 국준. 창문에서 이 모습을 지켜보던 국주가 공통점을 발견하는데요. 국주의 말에서 [ ]에 들어갈 품사는 다음 중 무엇일까요?

단서

- 용언의 종류에는 동사와 형용사가 있다.
- 동사는 움직임, 형용사는 상태나 성질을 나타낸다.
- 동사는 명령하거나 요청할 때 사용할 수 있지만, 형용사는 그렇지 않다.

❶ 동사 ❷ 형용사

동사 動 詞

움직일 동 말씀 사

131

사람이나 사물의 움직임을 나타내는 단어

용언은 문장에서 주체를 서술하는 말이에요. 쓰임에 따라 형태가 변하기 때문에 가변어이기도 해요. 그중에서도 동사는 사람이나 사물의 움직임을 나타내는 단어를 말해요. '먹다', '달리다', '읽다'처럼 '(누가/무엇이) 어찌하다'에 해당하죠. 문장 안에서 동사는 화자가 청자에게 어떤 행위를 하도록 요구하는 명령형 어미 '-어라/-아라', 함께 행동하자고 요청하는 청유형 어미 '-자', 말하고자 하는 사건이 지금 일어났음을 뜻하는 현재형 어미 '-ㄴ-/-는-' 등과 붙여 쓸 수 있어요. 즉, '읽어라, 읽자, 읽는'과 같이 표현할 수 있답니다.

형용사 形容詞

形 모양 형 容 얼굴 용 詞 말씀 사

132

사람이나 사물의 상태, 성질을 나타내는 단어

형용사는 사람이나 사물의 상태, 성질을 나타내는 단어를 말해요. 예를 들어 '오늘따라 피곤하다.'라는 문장에서 '피곤하다'는 몸이나 마음이 지친 상태를 나타내죠. '초콜릿이 달다.'에서 '달다'는 꿀이나 설탕의 맛과 같다는 성질을 뜻하므로 두 단어 모두 형용사에 해당해요. 또 '달고, 달지, 달아서'처럼 동사와 마찬가지로 용언의 어간에 다양한 어미가 붙어 형태가 변하는데 이것을 '활용'이라고 불러요.

문장 안에서 형용사는 동사와 달리 명령형 어미 '-어라/-아라', 청유형 어미 '-자', 현재형 어미 '-ㄴ-/-는-' 등과 붙여 쓸 수 없어요. 즉, '예뻐라, 예쁘자, 예쁜다'와 같이 표현하지 못한답니다.

정답 공개 ❶ 동사

'웃다', '운동하다'는 모두 사람의 동작을 나타내고 있어요. '웃어라, 웃자, 웃는다' 또는 '운동해라, 운동하자, 운동한다'과 같이 명령형('-어라/-아라'), 청유형('-자'), 현재형('-ㄴ-/-는-')으로 쓰일 수 있으므로 동사예요.

핵심 정리

동사	형용사
• 품사(용언)에 해당함. • 문장에서 쓰임에 따라 형태가 변함. → 활용	
• 사람이나 사물의 움직임을 나타내는 단어 • 명령형 어미, 청유형 어미, 현재형 어미 등과 결합할 수 있음.	• 사람이나 사물의 상태, 성질을 나타내는 단어 • 명령형 어미, 청유형 어미, 현재형 어미 등과 결합할 수 없음.

" 동사와 달리 형용사는 문장에서 활용할 때 제약이 있어.
용언의 기본형 어간에 '동사 -는구나', '형용사 -구나'로
붙여 쓴다고 기억하면 헷갈리지 않을 거야. "

플래카드 속 밑줄 친 단어들의 공통점은 무엇일까요?

Q

난이도 ★★☆

Y♥U쌤은 아이돌 덕후인 국주를 따라 음악 방송을 보러 갔어요. 방송국에 들어선 순간 수많은 사람을 보고 깜짝 놀라는데요. 플래카드 속 밑줄 친 단어들의 공통점은 무엇일까요?

단서

- 수식언의 종류에는 관형사와 부사가 있다.
- 관형사는 명사, 대명사, 수사를, 부사는 주로 동사, 형용사를 꾸며 준다.

❶ 관형사

❷ 부사

관형사

冠 갓 관 形 모양 형 詞 말씀 사

133

체언*을 꾸며 주는 단어

품사 중에서 뒤에 오는 다른 말을 꾸며 주는 단어를 '수식언'이라고 불러요. 관형사는 명사, 대명사, 수사와 같은 체언 앞에서 그들을 꾸며 주는 단어를 말해요. '어떤'에 해당하는 뜻을 지니죠.

문장 안에서 관형사는 형태가 변하지 않아요. 또 뒤에 '이/가'나 '을/를' 등의 조사가 붙지 않아 조사와 결합할 수 있는 수사, 대명사와 구분된답니다. 예를 들어 '과자 한 봉지를 먹었다.'라는 문장에서 '한'은 명사 '봉지'를 수식하면서 조사와는 결합할 수 없으므로 관형사로 볼 수 있어요.

*__체언__(體 몸 체 言 말씀 언) : **문장에서 주체가 되는 역할을 하는 말**

134

부사 副 詞

버금 부 말씀 사

주로 용언*을 꾸며 주는 단어

부사는 동사, 형용사와 같은 용언 앞에서 그들을 꾸며 주는 단어를 말해요. '어떻게'에 해당하는 뜻을 지니죠.
문장 안에서 부사는 관형사와 마찬가지로 형태가 변하지 않아요. 또 용언뿐만 아니라 다양한 말을 수식하기도 한답니다. 예를 들어 '국순이가 공책을 아주 많이 샀다.'라는 문장에서 '아주'는 뒤에 나오는 또 다른 부사 '많이'를 꾸며 주는 반면, '아마 이 책은 재미있을 거야.'에선 '아마'가 문장 전체를 꾸며 줘요. 부사는 보통 홀로 쓰이지만 보조사와 함께하기도 해요. 가령 '잘도 먹는다.'라는 문장에서 '잘도'는 부사 '잘'에 보조사 '도'가 결합되어 있어요.

*용언(用 쓸 용 言 말씀 언) : **문장에서 주체를 서술하는 역할을 하는 말**

정답 공개 ① 관형사

플래카드 속 밑줄 친 단어들 중 '한'은 '사람'을, '첫'은 '만남'이라는 명사를 꾸며 주고 있어요. 조사와 결합하지 않고 체언을 수식하고 있으므로 모두 관형사라고 할 수 있어요.

핵심 정리

관형사	부사
• 품사(수식언)에 해당함. • 문장 안에서 형태가 변하지 않음.	
• 체언(명사, 대명사, 수사)을 꾸며 주는 단어 • '어떤'의 뜻을 지님. • 조사와 결합할 수 없음.	• 주로 용언(동사, 형용사)을 꾸며 주는 단어 • '어떻게'의 뜻을 지님. • 조사와 결합할 수 있음.

"관형사는 체언, 부사는 용언 앞에 놓여서 그들을 수식해.
부사는 다른 부사, 명사, 관형사, 문장 전체를 꾸미기도 하지.
그래서 문장 안에서 위치가 자유로운 편이야."

낙서에서 빠진 문장 성분은 무엇일까요?

Q

난이도 ★★☆

청소 당번인 국준이가 쓰레기를 버리러 왔어요. 그러다 웬 낙서를 보고 깜짝 놀라는데요. 낙서에서 빠진 문장 성분은 다음 중 무엇일까요?

단서

- 문장은 기본적으로 주어와 서술어를 갖춰야 한다.
- 문장에서 주어는 '누가/무엇이', 서술어는 '어찌하다/어떠하다/무엇이다'에 해당한다.

❶ 주어 ❷ 서술어

주어 主 語

주인 주 말씀 어

135

동작, 상태, 성질 등의 주체가 되는 문장 성분

생각이나 감정을 말과 글로 표현할 때 완결된 내용으로 나타내는 최소의 단위를 '문장'이라고 불러요. 보통 주어와 서술어로 이루어져요. 그중에서도 주어는 설명하고자 하는 대상이자 동작, 상태, 성질 등의 주체가 되는 문장 성분을 말해요. '누가/무엇이'에 해당하죠. 예를 들어 '어흥이가 드러누웠다.'라는 문장에서 동작을 하는 주체는 '어흥'이므로 주어는 '어흥이가'가 되는 거예요.

문장 안에서 주어는 명사, 대명사, 수사와 같은 체언에 조사가 붙은 형태로 나타나요. 주어 역할을 하도록 만드는 주격 조사 '이/가/께서/에서'나 특별한 뜻을 더해 주는 보조사 '만/도' 등과 결합해요. 문장을 이루는 데 필수적이지만, 앞뒤 맥락을 통해 주어를 파악할 수 있다면 생략되기도 한답니다.

서술어 敍 述 語

줄 서 지을 술 말씀 어

136

주어의 동작, 상태, 성질 등을 설명하는 문장 성분

서술어는 주어의 동작, 상태, 성질 등을 풀이하는 문장 성분을 말해요. '어찌하다/어떠하다/무엇이다'에 해당하죠. 앞에서 설명한 예시에서 '드러누웠다'는 주어인 '어흥이가'의 동작을 나타내므로 서술어가 되는 거예요.
문장 안에서 서술어는 동사, 형용사와 같은 용언이나 체언이 서술어 역할을 하도록 만드는 서술격 조사 '이다'가 붙은 형태로 나타나요. 예를 들어 '국서의 취미는 독서이다.'라는 문장에서 '독서이다'는 명사 '독서'와 서술격 조사 '이다'가 결합하여 국서의 취미를 설명해 주기 때문에 서술어라고 할 수 있어요. 꼭 필요한 문장 성분이지만, 주어와 마찬가지로 앞뒤 맥락을 통해 서술어를 파악할 수 있다면 생략되기도 한답니다.

정답 공개 ❶ 주어

국주를 짝사랑하는 국준이는 낙서를 보자마자 자신의 이야기라는 것을 알아챘어요. 하지만 그 사실을 모르는 사람이 봤다면 '누가?'라는 궁금증이 생기겠죠. 낙서의 내용만으로는 국주를 좋아하는 사람이 누구인지 알 수 없는데 문장에서 주어가 빠졌기 때문이에요.

핵심 정리

주어	서술어
• 문장 성분(주성분)에 해당함.	
• 동작, 상태, 성질 등의 주체가 되는 문장 성분 • '누가/무엇이'의 뜻을 지님. • 체언+주격 조사(이/가/께서/에서), 체언+보조사(만/도 등)의 형태로 쓰임.	• 주어의 동작, 상태, 성질 등을 설명하는 문장 성분 • '어찌하다/어떠하다/무엇이다'의 뜻을 지님. • 용언, 체언+서술격 조사(이다)의 형태로 쓰임.

"'꽃이 피었다.'에서 주어, 서술어 둘 중 하나라도 생략되면 문장의 의미를 제대로 파악하기가 어렵겠지? 즉, 하나의 완결된 문장이 되기 위해선 주어와 서술어가 필수적이야."

Y♥U쌤의 일기에서 보어는 무엇일까요?

Q

난이도 ★★☆

Y♥U쌤이 오늘 하루를 마무리하며 일기를 쓰고 있어요. Y♥U쌤의 일기에서 보어는 다음 중 무엇일까요?

단서
- 목적어와 보어는 문장을 이루는 데 꼭 필요한 문장 성분이다.
- 목적어는 '누구를/무엇을', 보어는 '되다/아니다' 앞에서 '누가/무엇이'에 해당한다.

❶ 벚꽃이　　❷ 벚꽃을

목적어 目 的 語

눈 목 과녁 적 말씀 어

137

서술어가 나타내는 동작의 대상이 되는 문장 성분

서술어에는 '햇살이 따뜻하다'처럼 주어인 '햇살이'만을 필요로 하는 것도 있고, '국순이는 국서를 기다린다.' 같이 주어 '국순이는'만으로 충분하지 않은 것도 있어요. 이때 '국서를'처럼 서술어가 나타내는 동작의 대상이 되는 문장 성분을 목적어라고 말해요. '누구를/무엇을'에 해당하는 뜻을 지니죠.

문장 안에서 목적어는 체언에 조사가 붙은 형태로 나타나요. 목적어 역할을 하도록 만드는 목적격 조사 '을/를'이나 보조사와 결합한답니다.

보어 補 語

기울 보 말씀 어

138

서술어의 불완전한 의미를 보충하는 문장 성분

문장을 이루는 기본 성분인 주어와 서술어만으로 의미가 충분하지 않을 때가 있어요. 예를 들어 '고래는 물고기가 아니다.'라는 문장에서 '고래는'은 주어이고 '아니다'는 서술어인데 '고래는 아니다'라고만 하면 무슨 말인지 알 수 없어요. 이때 '물고기가'처럼 서술어 '되다/아니다' 앞에서 의미를 보충하는 문장 성분을 보어라고 말해요. '누가/무엇이'에 해당하는 뜻을 지니죠.
문장 안에서 보어는 목적어와 마찬가지로 체언에 조사가 붙은 형태로 나타나요. 보어 역할을 하도록 만드는 보격 조사 '이/가'나 보조사와 결합한답니다. 얼핏 주어와 닮은 것 같지만, 보어는 서술어 '되다/아니다'의 앞에 온다는 점에서 달라요.

정답 공개 ❶ 벚꽃이

Y♥U쌤의 일기에서 '새싹은 되었다.'만 보면 불완전한 문장이에요. 무엇이 되었는지가 분명하지 않기 때문이죠. 따라서 보어 '벚꽃이'를 통해 의미를 보충한 거라 볼 수 있어요. '벚꽃을'은 서술어 '보다'의 대상이 되므로 목적어예요.

핵심 정리

목적어	보어
• 문장 성분(주성분)에 해당함.	
• 서술어가 나타내는 동작의 대상이 되는 문장 성분 • '누구를/무엇을'의 뜻을 지님. • 체언+목적격 조사(을/를), 체언+보조사의 형태로 쓰임.	• 서술어의 불완전한 의미를 보충하는 문장 성분 • 서술어 '되다/아니다' 앞에서 '누가/무엇이'의 뜻을 지님. • 체언+보격 조사(이/가), 체언+보조사의 형태로 쓰임.

"목적어와 보어는 앞에서 배운 주어, 서술어와 함께 문장의 뼈대를 이루는 필수적인 문장 성분이야. 둘을 구분하려면 서술어 '되다/아니다'가 있는지 확인하면 간단해~"

국서의 말에서 부사어는 무엇일까요?

Q

난이도 ★★☆

Y♥U쌤이 행운권에 응모했다가 기차 여행에 당첨되었어요. 하지만 너무 바빠 갈 수가 없자 국순이와 친구들을 대신 보내는데요. 바깥 풍경을 보던 국서의 말에서 부사어는 다음 중 무엇일까요?

단서

- 관형어와 부사어는 다른 문장 성분의 내용을 꾸며 준다.
- 문장에서 관형어는 '어떤/누구의/무엇의', 부사어는 '어떻게/어디에서'에 해당한다.
- 부사어는 위치가 자유로운 편이다.

❶ 꽃들이 ❷ 노랗게 ❸ 물들었네

관형어 冠 形 語

갓 관 모양 형 말씀 어

139

체언을 꾸며 주는 문장 성분

문장 성분에는 주어, 서술어, 목적어, 보어와 같은 주성분을 꾸며 뜻을 더해 주는 '부속 성분'이 있어요. 보통 부속 성분을 생략해도 문장의 의미를 전달하는 데 무리가 없어요. 부속 성분은 무엇을 꾸며 주느냐에 따라 두 가지로 나뉘어요. 그중에서도 관형어는 체언을 꾸며 주는 문장 성분을 말해요. '어떤/누구의/무엇의'에 해당하는 뜻을 지니죠.

문장 안에서 관형어는 체언 없이 단독으로 나타날 수 없어요. 관형사를 그대로 쓰거나 '국주의 이마'처럼 체언에 관형어 역할을 하도록 만드는 관형격 조사 '의'가 붙은 형태로 나타나요. 또 용언의 어간에 관형사형 어미가 결합하기도 해요. 예를 들어 '예쁜 조약돌을 주웠다.'라는 문장에서 '예쁜'은 용언 '예쁘다'가 활용된 말로 품사는 형용사지만, 뒤에 오는 명사 '조약돌'을 꾸며 주므로 관형어가 된답니다.

부사어

副 詞 語
버금 부 말씀 사 말씀 어

140

주로 서술어를 꾸며 주는 문장 성분

부사어는 주로 서술어를 꾸며 주는 문장 성분을 말해요. '어떻게/어디에서'에 해당하는 뜻을 지니죠. 예를 들어 '하늘이 매우 파랗다.'라는 문장에서 '매우'는 뒤에 오는 형용사이자 서술어인 '파랗다'를 수식하므로 품사로 부사이고, 문장 성분은 부사어예요.

문장 안에서 부사어는 부사를 그대로 쓰거나 체언에 부사 역할을 하도록 만드는 부사격 조사 '에/에서/에게/으로(써)' 등이 붙은 형태로 나타나요. 또 용언의 어간에 부사형 어미 '-게' 등이 결합하기도 해요. 가령 '볼이 빨갛게 변했다.'라는 문장에서 '빨갛게'는 용언 '빨갛다'의 어간 '빨갛-'에 어미 '-게'가 붙어 뒤에 오는 서술어 '변했다'를 꾸며 주므로 부사어가 된답니다. 관형어와 마찬가지로 부사어도 생략이 가능하지만, 문장에서 꼭 필요한 부사어를 빼면 의미가 제대로 전달되지 않을 수 있어요.

정답 공개 ❷ 노랗게

국서의 말 중 '꽃들이'는 문장에서 주체가 되므로 주어예요. '물들었네'는 주어의 상태를 설명하므로 서술어가 되죠. '노랗게'는 어간 '노랗-'에 어미 '-게'가 더해져 뒤에 오는 서술어를 꾸며 주며 어떻게 물들었는지를 나타내기 때문에 부사어라고 할 수 있어요.

핵심 정리

관형어	부사어
• 문장 성분(부속 성분)에 해당함.	
• 체언을 꾸며 주는 문장 성분 • '어떤/누구의/무엇의'의 뜻을 지님. • 관형사, 체언+관형격 조사(의), 용언의 어간+관형사형 어미의 형태로 쓰임.	• 주로 서술어를 꾸며 주는 문장 성분 • '어떻게/어디에서'의 뜻을 지님. • 부사, 체언+부사격 조사(에/에서/에게 등), 용언의 어간+부사형 어미(-게)의 형태로 쓰임.

"관형어는 체언, 부사어는 서술어 앞에 놓여서 그들을 꾸미지. 부사어는 이외에도 다른 부사어, 관형어, 명사, 문장 전체 등 수식할 수 있는 대상이 다양해."

Y♥U쌤과 국서의 말은 어떤 감탄사에 해당할까요?

Q

난이도 ★★☆

더위를 피해 국준이가 Y♥U쌤과 친구들을 바다로 데려갔어요. 그러고는 바닷속 체험을 추천하는데요. Y♥U쌤과 국서의 말은 어떤 감탄사에 해당할까요?

단서

- 감탄사는 감정을 넣어 말하는 사람의 느낌, 부름, 대답 등을 나타낸다.
- 문장에서 감탄사는 독립적으로 사용된다.

❶ 느낌 ❷ 부름 ❸ 대답

감탄사 感 歎 詞

感 느낄 감 歎 탄식할 탄 詞 말씀 사

141

화자의 느낌, 부름이나 대답 등을 나타내는 단어

누군가에게 전화를 할 때 '여보세요?'라고 말하죠? 이처럼 화자의 느낌, 부름이나 대답 등을 나타내는 단어를 감탄사라고 말해요. 문장에서 다른 단어와 문법적 관계를 맺지 않고, 독립적으로 쓰이기 때문에 '독립언'이라고도 불러요. 예를 들어 '아! 갑자기 배가 엄청 고프네.'라는 문장에서 감탄사 '아'를 생략해도 문장은 이루어지죠.

문장 안에서 감탄사는 형태가 변하지 않고, 조사와 결합하지 않아요. 감탄사의 종류에는 '앗, 어머나, 쳇, 흥'과 같이 놀람, 성냄 등의 느낌을 표현하거나 '야, 얘, 어이, 이봐'처럼 상대방을 부르는 단어가 있어요. 또 '예, 아니요' 등 상대방의 말에 대해 긍정 혹은 부정의 대답을 하는 단어도 있죠. '에, 뭐' 등 특별한 의미 없이 입버릇처럼 내뱉는 단어 역시 감탄사에 포함된답니다.

독립어 獨 立 語

홀로 독 설 립 말씀 어

142

다른 문장 성분과 직접적인 관련이 없는 문장 성분

문장은 일정한 역할을 하는 문장 성분이 모여 이루어진다는 사실 기억하나요? 그중에서 어느 문장 성분과도 직접적인 관련이 없고 독립적으로 쓰이는 문장 성분을 '독립 성분' 또는 독립어라고 말해요. 독립어를 생략해도 문장의 의미는 달라지지 않죠. 또 다른 문장 성분을 꾸미거나 수식을 받지 않아요. 감탄사가 품사 중의 하나라면 독립어는 문장 성분이지만 둘 다 감탄, 부름, 대답 등을 나타낸다는 공통점이 있어요.

문장 안에서 독립어는 감탄사를 그대로 쓰거나 체언에 누군가를 부를 때 사용하는 호격 조사 '아/야' 등이 붙은 형태로 나타나요. 예를 들어 '어흥아, 이리 와.'라는 문장에서 '어흥아'는 체언 '어흥'에 호격 조사 '아'가 결합하여 다른 문장 성분과 관계를 맺지 않으므로 독립어에 해당해요. 또 어떤 문장 성분을 강조하기 위해 따로 내세우는 말인 제시어를 통해 표현되기도 해요. 가령 '사랑, 사랑은 무엇인가!'라는 문장에서 제시어 '사랑'은 독립어에 포함된답니다.

정답 공개 ❶ 느낌

Y♥U쌤은 신비로운 바닷속 모습을 보고 감탄사 '우아'를 통해 놀라움을 표현했어요. 국서는 게에 손가락이 물리자 아픔을 느끼고 감탄사 '아이고'를 내뱉었죠. 즉, 두 사람 모두 문장에서 독립적으로 쓰이는 감탄사를 활용하여 자신의 느낌을 나타낸 거라 볼 수 있어요.

감탄사	• 화자의 느낌, 부름, 대답 등을 나타내는 단어 • 품사(독립언)에 해당함. • 불변어이며, 조사와 결합하지 않음.

▼

독립어	• 다른 문장 성분과 직접적인 관련이 없는 문장 성분 • 문장 성분(독립 성분)에 해당함. • 감탄사, 체언+호격 조사(아/야 등), 제시어의 형태로 쓰임.

"감탄사와 독립어는 문장에서 독립적으로 쓰이는 말이야.
모든 감탄사는 독립어에 해당하지만, 독립어에는 감탄사만 있는 건 아니야.
'국서야!'는 부름을 뜻하지만 감탄사는 아니거든.
체언에 호격 조사가 결합했을 땐 독립어라고 할 수 있지."

국순이의 말은 어떤 문장의 종류에 해당할까요?

Q

난이도 ★★☆

방과 후 국순이와 친구들이 모여 배드민턴을 치기로 했어요. 대결에서 지는 팀이 떡볶이를 사기로 했는데요. 이때 국순이의 말은 어떤 문장의 종류에 해당할까요?

단서

- 문장의 종류에는 크게 홑문장과 겹문장이 있다.
- 홑문장은 주어와 서술어의 관계가 한 번만 맺어진다.
- 겹문장은 주어와 서술어의 관계가 두 번 이상 맺어진다.

① 홑문장　② 겹문장

홑문장

143

주어와 서술어의 관계가 한 번만 나타나는 문장

문장은 주어와 서술어가 짝을 이루는 관계가 몇 번 나타나느냐에 따라 크게 두 가지로 나뉘어요. 먼저 홑문장은 한 문장 안에서 주어와 서술어가 한 번 나오는 문장을 말해요.

예를 들어 '국서의 집에 새 책이 많이 있다.'라는 문장이 있어요. 이때 주어는 '책이', 서술어는 '있다'예요. '국서의', '새'는 각각 '집', '책'과 같은 체언을 꾸며 주므로 관형어이고 '집에', '많이'는 서술어를 수식하므로 부사어예요. 다른 문장 성분의 내용을 더해 주는 부속 성분 때문에 문장이 길어졌지만 주어와 서술어는 한 번씩 나타나므로 홑문장에 해당해요.

홑문장은 내용을 간결하게 전달하고, 사건이 빠르게 진행되는 느낌을 줄 수 있어요. 하지만 지나치게 많이 사용하면 의미가 분산되어 문장 간의 논리적 관계를 드러내기가 어렵답니다.

144

겹문장

주어와 서술어의 관계가 두 번 이상 나타나는 문장

짜임

이어진문장

안은문장

국서가 Y♥U쌤이
만든 모자를 썼다.

겹문장은 한 문장 안에서 주어와 서술어의 관계가 두 번 이상 나오는 문장을 말해요. 둘 이상의 홑문장이 '-고', '-(으)면', '-(으)나', '-아서/어서' 등으로 나란히 연결되면 '이어진문장', 한 홑문장이 다른 홑문장을 자신의 문장 성분으로 가지면 '안은문장'으로 불러요.

예를 들어 '겨울이 가고 봄이 왔다.'라는 문장이 있어요. 이때 '겨울이 가다', '봄이 왔다'와 같은 홑문장이 '-고'로 이어져 주어와 서술어가 두 번씩 나타나므로 이어진문장에 해당해요.

또 '국서가 Y♥U쌤이 만든 모자를 썼다.'라는 문장이 있어요. 이때 'Y♥U쌤이 (모자를) 만들었다'처럼 하나의 문장 성분이 된 홑문장을 '안긴문장'이라고 하는데, '국서가 모자를 썼다.' 속에 들어가 주어와 서술어가 두 번씩 나타나므로 안은문장에 해당해요.

겹문장은 사건의 인과* 관계를 드러내 내용을 긴밀하고 압축*적으로 전달할 수 있어요. 하지만 지나치게 길면 문장의 구조가 복잡해져 정확한 의미를 표현하기가 어렵답니다.

*__인과__(因 인할 인 果 열매 과) : **원인과 결과**
*__압축__(壓 누를 압 縮 오그라들 축) : **문장을 줄여 짧게 함.**

정답 공개 ② 겹문장

국순이의 말에서 주어 '우리가'를 보면 홑문장인 듯하지만 서술어 '졌지만', '이길 거야'가 둘이므로 겹문장 같기도 하죠? 이 문장은 '저번엔 우리가 졌다.'와 '이번엔 우리가 이길 거야!!'라는 각각의 홑문장이 '-지만'으로 이어진 거예요. 즉, 두 문장의 주어가 같아 하나가 생략된 겹문장이랍니다.

홑문장	겹문장
• 주어와 서술어의 관계가 한 번만 나타나는 문장 • 내용을 간결하고 빠르게 전달함. • 지나치게 사용할 경우 문장 간의 논리적 관계를 드러내기 어려움.	• 주어와 서술어의 관계가 두 번 이상 나타나는 문장 • 내용을 긴밀하고 압축적으로 전달함. • 지나치게 사용할 경우 정확한 의미를 표현하기 어려움.

" 한 문장 안에서 주어와 서술어의 관계가 몇 번 나오는지 파악하기 어렵다면 서술어로 쓰일 수 있는 동사, 형용사, 서술격 조사를 살펴보자. '나는 따뜻한 옷을 입었다.'에서 '따뜻한'은 '따뜻하다'라는 형용사가 활용된 형태이므로 주어와 서술어가 두 번씩 나타난 겹문장임을 알 수 있지. "

국순이와 국주가 서로 오해한 까닭은 무엇일까요?

Q

난이도 ★★☆

갑자기 짬뽕이 먹고 싶은 국순이가 국주에게 연락을 했어요. 하지만 대화가 거듭될수록 오해만 쌓이는데요. 두 사람이 서로의 말을 잘못 이해한 까닭은 무엇일까요?

단서

- 한글 맞춤법은 우리말을 한글로 올바르게 적는 방법이다.
- 표준 발음법은 표준어를 공식적으로 발음하는 방법이다.
- 국순이와 국주는 자신의 생각이나 느낌을 나타내기 위해 문자를 사용한다.

❶ 한글 맞춤법을 지키지 않아서

❷ 표준 발음법을 따르지 않아서

한글 맞춤법

145

우리말을 한글로 적을 때 지켜야 할 규칙

우리는 언어를 사용할 때 일정한 규칙을 따라야 해요. 그렇지 않으면 의도한 내용을 정확하게 전달할 수 없어 오해가 생길 수 있기 때문이에요. 한글 맞춤법은 우리말을 어떻게 적어야 하는지 정해 놓은 규칙을 말해요. 원활한 의사소통을 위해 사회 구성원끼리 정한 약속인 만큼 제대로 지켜야만 하죠.

한글 맞춤법은 '표준어를 소리대로 적되, 어법*에 맞도록 함을 원칙'으로 해요. 표준어를 적는 방법에는 두 가지가 있어요. 먼저 '하늘', '비행기'와 같이 소리 나는 대로 쓸 수 있어요. 하지만 '밥을 먹는다.'라는 문장을 '바블 멍는다.'로 쓴다면 무슨 의미인지 알 수 없겠죠? 따라서 발음과 상관없이 단어의 원래 형태를 밝혀 적기도 한답니다.

*어법(語 말씀 어 法 법도 법) : 말의 일정한 법칙

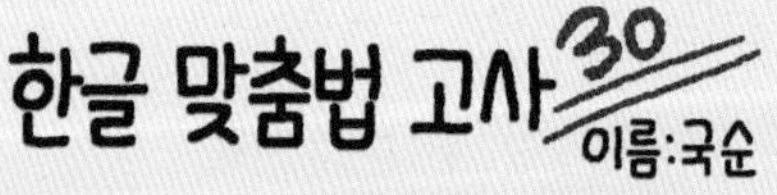

표준 발음법 標準發音法 146

標 표표 準 법도 준 發 필 발 音 소리 음 法 법 법

표준어를 발음할 때 지켜야 할 규칙

표준 발음법은 표준어를 어떻게 발음해야 하는지 공식적으로 정해 놓은 규칙을 말해요. 같은 말이라도 출신 지역이나 나이에 따라 조금씩 다르게 발음하기 때문이에요. 예를 들어 어떤 사람은 '의사'를 [으사], '쌀'을 [살]로 발음해요. '주세요'를 [주떼요]로 말하기도 하죠.

표준 발음법은 '표준어의 실제 발음을 따르되, 국어의 전통성*과 합리성*을 고려하여 정함을 원칙'으로 해요. 예로부터 우리말은 소리의 길이나 높낮이로도 의미를 구별했기 때문에 사람마다 발음이 다를 경우 전통에 따라 정한다는 거예요. 또 국어의 규칙에 따라 표준 발음을 합리적으로 정한다는 의미랍니다.

*전통성(傳 전할 전 統 거느릴 통 性 성품 성) : 예로부터 발음해 왔던 관습을 반영함.
*합리성(合 합할 합 理 다스릴 리 性 성품 성) : 실제 발음과 표기가 다를 경우 국어의 규칙이나 법칙을 반영함.

정답 공개 ① 한글 맞춤법을 지키지 않아서

국순이와 국주는 우리말을 한글로 적을 때 지켜야 하는 기준을 무시한 채 메시지를 보내 오해를 불러일으켰어요. '어떤 일이 가능함.'을 뜻할 때는 '돼지 → 되지', '사람으로서 마땅히 지켜야 할 도리'를 나타낼 때는 '으리 → 의리'로 써야 한답니다.

한글 맞춤법	표준 발음법
• 우리말을 한글로 적을 때 지켜야 할 규칙 • 소리 나는 대로 적되, 어법에 맞도록 단어의 원래 형태를 밝혀야 함.	• 표준어를 발음할 때 지켜야 할 규칙 • 실제 발음을 따르되, 소리의 길이나 높낮이, 국어 규칙을 고려해야 함.
• 사람들 사이의 원활한 의사소통을 도와줌.	

"'표기'에 관한 규칙은 한글 맞춤법! '발음'에 관한 규칙은 표준 발음법! 둘 다 같은 공동체에 속한 사람들이 공통된 언어를 사용함으로써 원활하게 의사소통하기 위해 만든 거야."

속담들이 강조하는 의사소통의 구성 요소는 무엇일까요?

난이도 ★★☆

지난 이틀 동안 국순이와 친구들의 하루를 속담으로 표현해 보았어요. 속담들이 공통적으로 강조하는 의사소통의 구성 요소는 무엇일까요?

단서

- 의사소통의 구성 요소에는 화자, 청자, 내용이 있다.
- 화자는 말하거나 쓰는 사람이고, 청자는 듣거나 읽는 사람이다.
- 화자와 청자의 역할은 서로 바뀔 수 있다.

① 화자

② 청자

화자 話 者

말할 화 사람 자

147

이야기를 하는 사람

사람은 태어나서 죽을 때까지 의사소통을 해요. 혼자서는 살기 힘든 사회적 존재이기 때문이죠. 의사소통은 말이나 글, 몸짓, 자세, 표정 등을 통해 이루어져요. 이때 말하는 사람을 화자라고 불러요.

화자는 목적과 주제에 맞게 이야기를 해야 해요. 또 듣는 대상과 상황도 고려해야 하죠. 상대방의 감정, 태도, 지적 수준 등에 알맞게 말할 때 자신의 생각을 효과적으로 전달할 수 있어요. 예를 들어 유치원생들에게 중등 국어에 대해 강연한다고 상상해 봐요. 무슨 말인지 이해하기 힘들 거예요.

청자 聽 者

들을 청 사람 자

148

이야기를 듣는 사람

의사소통을 하려면 말하는 사람의 이야기를 들을 대상이 필요해요. 이때 듣는 사람을 청자라고 불러요.

청자는 상대방의 이야기를 듣고, 이해하고, 평가해야 해요. 단순히 귀로 듣는 수준이 아닌 내용을 요약하거나 화자의 주장이 타당하고 논리적인지 판단해야 하죠.

말하기, 듣기는 화자와 청자가 의미를 주고받는 행위이므로 화자가 청자가 될 수도 있고, 청자가 화자가 될 수도 있어요. 즉, 화자와 청자의 역할이 항상 고정되진 않아요. 원활한 의사소통을 위해서 서로 존중하고 배려하는 자세를 가져야 해요.

정답 공개 ① 화자

첫 번째 상황에서 국주와 국서는 약속 시간에 늦은 국순이에게 서로 다른 태도를 보였어요. '말이란 아 해 다르고 어 해 다르다.'는 같은 내용이라도 어떻게 말하느냐에 따라 느낌이 달라진다는 의미예요. 두 번째 상황에선 국준이가 자신의 외모를 칭찬하자 메아리가 들려왔어요. '가는 말이 고와야 오는 말이 곱다.'는 내가 남에게 잘해야 남도 나에게 잘한다는 뜻이에요. 즉, 두 속담 모두 화자의 말하기 태도를 강조하고 있어요.

핵심 정리

화자	청자
• 이야기를 하는 사람 • 목적, 주제, 청자의 감정, 태도, 지적 수준 등을 고려해야 함.	• 이야기를 듣는 사람 • 화자가 말하고자 하는 내용을 파악하고, 주장이 타당한지 판단해야 함.

> 쓰는 사람이 있으면 읽는 사람이 필요한 것처럼 말하는 사람이 있다면 들을 사람도 필요해. 의사소통 과정에서 화자와 청자의 역할은 고정된 것은 아니야. 화자가 청자가 될 수도 있고, 반대로 청자가 화자가 될 수도 있지.

포수의 사인은 어떤 의사 표현 방식에 해당할까요?

Q

난이도 ★★☆

야구 경기를 관람하러 간 Y♥U쌤과 아이들. 투수와 포수가 서로 어떤 공을 던질지 상의하는데요. 포수의 사인은 어떤 의사 표현 방식에 해당할까요?

단서

- 의사 표현 방식에는 언어적 표현, 준언어적 표현, 비언어적 표현이 있다.
- 준언어적 표현은 언어의 성질을 어느 정도 가져서 말투, 억양 등으로 나타낸다.
- 비언어적 표현은 언어가 아니라서 행동, 표정 등으로 나타낸다.

❶ 준언어적 표현

❷ 비언어적 표현

준언어적 표현

準 준할 준 言 말씀 언 語 말씀 어 的 과녁 적

149

언어와 함께 말의 크기, 빠르기, 높낮이 등으로 생각이나 느낌을 나타내는 방법

우리는 보통 말이나 글을 통해 의사를 전달해요. 준언어적 표현은 이러한 언어와 함께 말의 크기, 빠르기, 높낮이, 말투 등으로 생각이나 느낌을 나타내는 방법을 말해요.

준언어적 표현을 사용하면 말로 다 전하지 못하는 느낌을 정확하게 드러낼 수 있어요. 예를 들어 선생님이 학생에게 낮은 목소리와 화가 난 말투로 '지금 몇 시니?'라고 묻는다면 정말 시간이 궁금해서가 아니라 지각에 대한 꾸중임을 알 수 있죠. 또 다양한 감정을 효과적으로 표현할 수 있답니다.

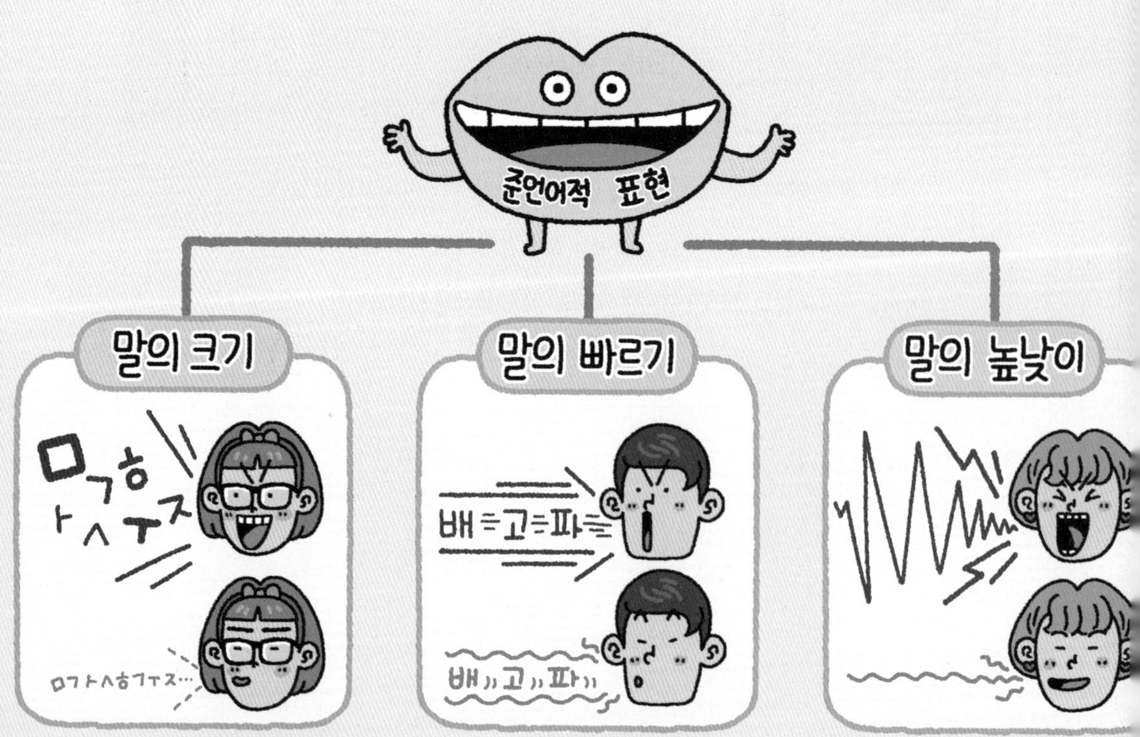

비언어적 표현

非 아닐 비 | 言 말씀 언 | 語 말씀 어 | 的 과녁 적

150

언어가 아닌 몸짓, 손짓, 표정 등으로 생각이나 느낌을 나타내는 방법

일상생활에서 말을 할 수 없고 글도 쓸 수 없을 때가 있어요. 예를 들어 영어 울렁증이 있는데 외국인이 길을 물어보는 상황과 같죠. 비언어적 표현은 상황에 어울리는 몸짓, 손짓, 표정, 시선, 자세 등을 통해 마치 언어처럼 생각이나 느낌을 나타내는 방법을 말해요.

비언어적 표현을 사용하면 말하고자 하는 내용을 분명하게 드러내거나 강조할 수 있어요. 예를 들어 수업 시간에 발표를 하거나 연설을 할 때 몸짓과 표정을 더하면 듣는 사람의 흥미를 유발하고 발표 내용에 더욱 집중하게 만들 수 있답니다.

정답 공개 ❷ 비언어적 표현

포수는 양쪽 허벅지 사이에서 손동작을 통해 투수에게 사인을 보냈어요. 상대 팀 선수에게 들키지 않기 위해 비언어적 표현을 사용해서 은밀하게 의사소통한 거라 볼 수 있어요.

핵심 정리

준언어적 표현	비언어적 표현
• 언어와 함께 말의 크기, 빠르기, 높낮이 등으로 생각이나 느낌을 나타내는 방법 • 다양한 감정을 전달할 수 있음.	• 언어가 아닌 몸짓, 손짓, 표정 등으로 생각이나 느낌을 나타내는 방법 • 듣는 사람의 흥미를 유발하고 집중하도록 만들 수 있음.

“준언어적 표현과 비언어적 표현을 적절히 활용하면
화자는 생각이나 느낌을 분명하게 전달할 수 있어.
그만큼 청자는 내용을 효과적으로 이해할 수 있지.”

적극적 들어 주기로 국주를 위로하는 사람은 누구일까요?

Q

난이도 ★★☆

껌을 씹다가 잠들어 버린 국주. 다음 날 머리에 붙은 껌 때문에 난리가 났는데요. 적극적 들어 주기로 국주를 위로하는 사람은 누구일까요?

단서

- 공감적 듣기의 방법에는 소극적 들어 주기와 적극적 들어 주기가 있다.
- 눈을 보거나 고개를 끄덕이며 상대방이 계속 말할 수 있도록 돕는다면 소극적 들어 주기이다.
- 상대방의 말을 요약하거나 풀어서 설명한다면 적극적 들어 주기이다.

❶ 국순 ❷ 국서

소극적 들어 주기

消 꺼질 소 極 지극할 극 的 과녁 적

151

상대방이 말을 이어 갈 수 있도록 관심을 가지고 집중해서 들어 주는 방법

의사소통을 할 때는 화자의 말하기 태도뿐 아니라 청자의 듣기 태도 또한 중요해요. 예를 들어 나는 열심히 말하고 있는데 친구가 딴짓을 하거나 이야기를 중간에 끊는다면 무척 속상하겠죠? 소극적 들어 주기는 상대방이 이야기를 이어 나갈 수 있도록 관심을 드러내며 듣는 방법을 말해요. 눈을 바라보거나 고개를 끄덕이고 이야기에 어울리는 표정을 짓는 행동이 포함되죠. '그랬구나.', '정말?' 등의 맞장구를 치면서 상대방이 계속 말할 수 있도록 돕는 것도 소극적 들어 주기에 해당해요. 따라서 화자는 자연스러운 분위기 속에서 자신의 생각과 느낌을 표현할 수 있어요.

적극적 들어 주기

積 쌓을 적 | 極 지극할 극 | 的 과녁 적

152

상대방의 말을 요약하거나 재구성*하여 다시 전달하는 방법

적극적 들어 주기는 상대방의 이야기를 핵심만 요약하거나 재구성하여 다시 전달하는 방법을 말해요. 요약은 상대방의 말을 분명히 이해하고, 현재 상태에 대해 공감했음을 드러내요. 재구성은 상대방이 가지는 생각이나 감정을 나의 말로 풀어서 표현함으로써 자신의 상황을 객관적으로 파악할 수 있도록 도와요. 따라서 화자는 대화하는 과정에서 부정적인 감정을 해소하거나 스스로 문제를 해결할 수 있어요.

*재구성(再 다시 재 構 얽을 구 成 이룰 성) : 한 번 구성했던 것을 다시 새롭게 구성함.

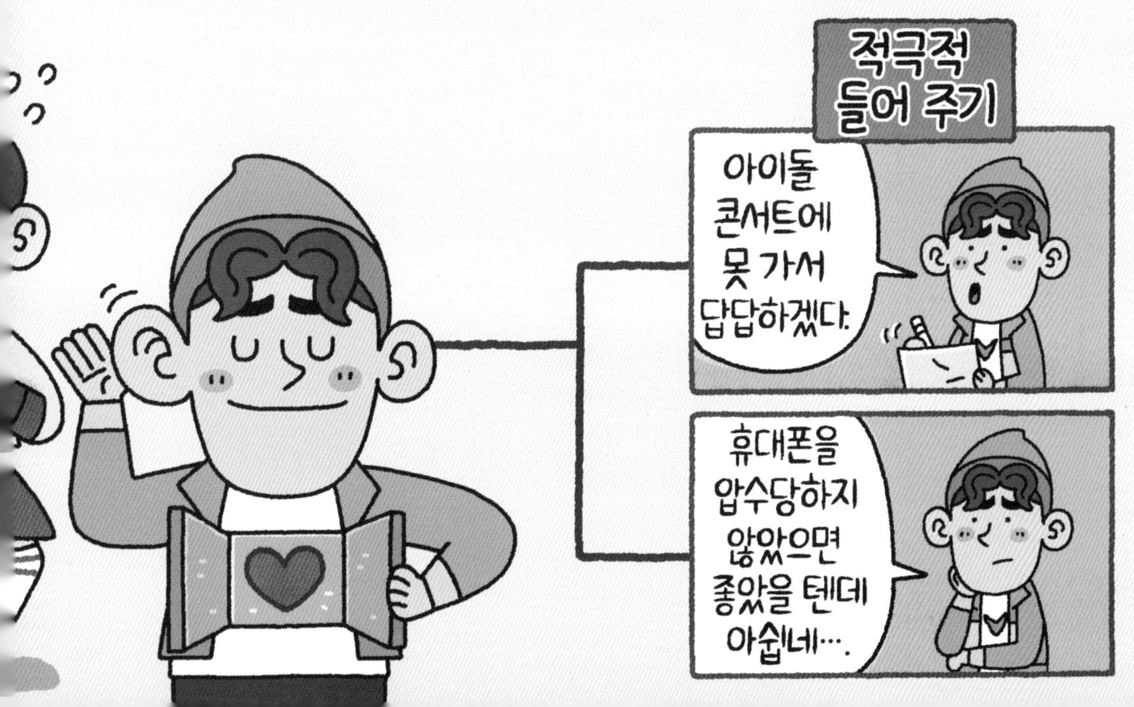

정답 공개 ❷ 국서

국순이는 국주의 이야기를 듣고 깜짝 놀란 표정을 지으며 맞장구를 쳤어요. 반면 국서는 왜 머리에 껌이 붙게 되었는지 원인을 따져 보고 자신의 말로 다시 설명했죠. 따라서 문제를 객관적으로 바라보도록 상대방의 말을 재구성하여 전달한 국서가 적극적 들어 주기를 사용했다고 볼 수 있어요.

핵심 정리

소극적 들어 주기	적극적 들어 주기
• 상대방이 말을 이어 갈 수 있도록 관심을 가지고 집중해서 들어 주는 방법 • 눈 맞춤, 고개 끄덕임, 이야기에 어울리는 표정 짓기, 맞장구가 해당함. • 자연스러운 분위기 속에서 화자의 생각과 느낌을 표현할 수 있음.	• 상대방의 말을 요약하거나 재구성하여 다시 전달하는 방법 • 핵심만 간추림, 상대방의 생각이나 감정을 나의 말로 표현하는 행동이 해당함. • 대화 과정에서 화자 스스로 부정적인 감정을 해소하거나 문제를 해결할 수 있음.

“ 잘 말하는 것만큼 잘 듣는 것 또한 중요하지.
소극적 들어 주기와 적극적 들어 주기를 통해 상대방의 감정, 의견에
공감하는 태도를 보인다면 깊이 있는 대화를 나눌 수 있어. 이때 내가 아닌
상대방이 중심이 되어야 한다는 사실을 잊지 마~ ”

두 상황에서 공통적으로 나타나는 담화의 유형은 무엇일까요?

Q

난이도 ★★☆

지난 이틀 동안 무척이나 바빴던 Y♥U쌤의 일과예요. 두 상황에서 공통적으로 나타나는 담화의 유형은 무엇일까요?

단서

- 발화는 생각이 실제 문장으로 실현된 것이다.
- 둘 이상의 발화가 모여 담화를 이룬다.
- 화자의 의도나 대화 상황에 따라 담화의 유형이 달라진다.

❶ 정보 제공 ❷ 호소 ❸ 사교 ❹ 약속

발화 發 話

필 발 말할 화

153

생각이 문장 단위로 표현된 말

발화는 머릿속의 생각을 소리 내어 실제 문장으로 나타낸 것을 말해요. 여기에는 화자의 생각이나 느낌, 정보가 담겨 있죠. 같은 말이라도 어떤 상황에서 쓰이느냐에 따라 발화의 의미가 달라질 수 있어요.
예를 들어 겨울바람이 쌩쌩 부는 등굣길 친구에게 건네는 '춥다.'는 낮은 온도나 차가운 느낌을 가리켜요. 하지만 교실에서 창가에 앉은 친구에게 한 말이라면 창문을 닫아 달라는 요청으로 이해할 수 있어요. 이처럼 발화는 화자의 의도와 목적, 청자의 처지나 입장, 의사소통이 이루어지는 시간과 장소 등을 고려하여 이해해야 한답니다.

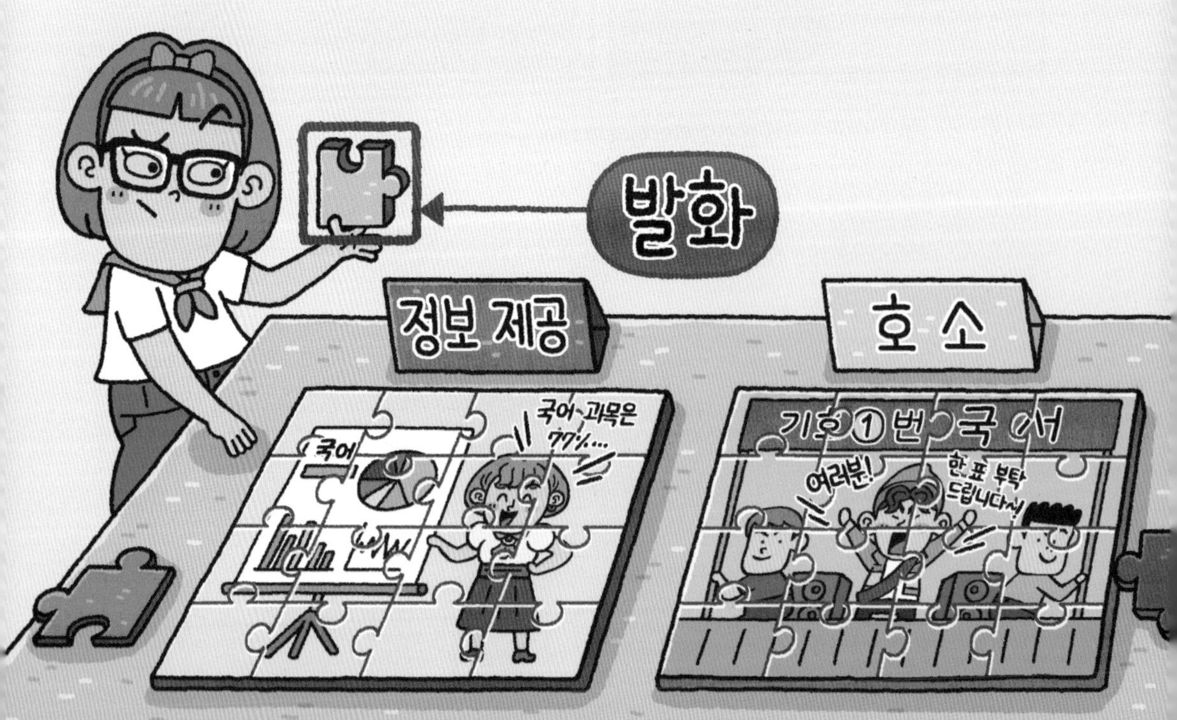

담화 談 말씀 담 話 말할 화

154

둘 이상의 발화가 모여 완결된 의미를 이룬 덩어리

담화는 둘 이상의 발화가 연속되어 하나의 의미를 이룬 덩어리를 말해요. 화자와 청자, 전달하려는 내용, 맥락*으로 구성되죠. 보통 대화라면 구어* 담화, 글이라면 문어* 담화로 구분해요.

또 화자의 의도와 대화 상황에 따라 담화의 유형을 나눌 수도 있어요. 강의나 뉴스같이 지식을 전달하는 '정보 제공'을 할 수도 있고 광고, 연설처럼 상대방을 설득하는 '호소'도 있죠. 인사말이나 잡담 등 인간 관계 형성을 위한 '사교'와 선서, 맹세처럼 발화에 담긴 내용을 지키겠다고 다짐하는 '약속' 등이 있답니다.

*맥락(脈 맥 맥 絡 헌솜 락) : 사물이나 사건 등의 요소가 서로 이어져 있는 관계
*구어(口 입 구 語 말씀 어) : 음성으로 나타낸 말
*문어(文 글월 문 語 말씀 어) : 문자로 나타낸 말

정답 공개 ① 정보 제공

Y♥U쌤은 국어 전문가로서 뉴스에 초대되어 중학 국어를 공부하는 방법을 알려 주고, 강의실에서 학생들에게 담화의 유형에 대해 설명했어요. 따라서 정보를 제공하려는 의도를 가진 담화라고 볼 수 있어요.

핵심 정리

발화	• 생각이 문장 단위로 표현된 말 • 화자의 생각, 느낌, 정보가 포함됨. • 화자의 의도와 목적, 청자의 처지나 입장, 의사소통이 이루어지는 시간과 장소 등에 따라 의미가 달라짐.

▼

담화	• 둘 이상의 발화가 모여 완결된 의미를 이룬 덩어리 • 화자, 청자, 내용, 맥락으로 구성됨. • 화자의 의도와 대화 상황에 따라 유형이 달라짐(정보 제공, 호소, 사교, 약속 등).

" 담화는 구체적인 맥락 속에서 화자와 청자가 주고받는 발화의 덩어리야. 둘 이상의 인물이 서로 나누는 대화가 아닌, 화자가 한 명뿐인 혼잣말은 담화라고 보기 어려워. "

담화 상황에서 고려해야 할 맥락은 무엇일까요?

난이도 ★★☆

주말 아침 일찍 일어난 Y♥U쌤과 국순, 국주가 목욕탕에 갔어요. 뜨거운 물에 몸을 담근 Y♥U쌤이 "시원하다!"라고 외치자 아이들이 갸우뚱하는데요. 담화 상황에서 고려해야 할 맥락은 무엇일까요?

단서

- 담화의 의미는 맥락에 따라 달라진다.
- 상황 맥락은 화자와 청자가 처한 시간, 장소, 의도, 목적 등과 관련 있다.
- 사회·문화적 맥락은 담화를 둘러싼 지역, 세대, 성별, 문화 등과 관련 있다.

❶ 상황 맥락 ❷ 사회·문화적 맥락

상황 맥락

狀 형상 상 況 상황 황

155

화자와 청자가 처한 구체적인 상황

담화의 의미를 이해하기 위해선 맥락을 잘 파악해야 해요. 그중에서도 상황 맥락은 시간과 장소, 주제, 화자의 의도와 목적 등 담화에 직접적으로 개입*하는 상황을 말해요.

예를 들어 모바일 게임을 하는 친구에게 '재미있니?'라고 묻는다면 게임의 내용에 대한 질문으로 해석되죠. 하지만 넘어진 모습을 보고 깔깔 웃는 친구에게 말한다면 도와주지 않는 친구를 향한 원망으로 보아야 해요. 이처럼 상황 맥락을 고려하지 않으면 의미가 분명하게 전달되지 않아 오해가 생기거나 상대방의 기분을 언짢게 만들 수 있답니다.

*__개입__(介 끼일 개 入 들 입) : **자신과 직접적인 관계가 없는 일에 끼어듦.**

사회·문화적 맥락

社 모일 사 會 모일 회 文 글월 문 化 될 화 的 과녁 적

156

하나의 사회 집단이 만들고 공유하는 사회·문화적 상황

화자와 청자는 그들이 속한 사회의 관습*과 규범을 따라야 해요. 따라서 담화 역시 자유로울 수 없어요. 사회·문화적 맥락은 지역, 세대, 성별, 문화 등 담화의 내용에 간접적으로 영향을 미치는 사회·문화적 상황을 말해요.
예를 들어 우리나라에서는 상대방이 무언가를 권하면 한 번쯤 사양*해야 겸손하다고 여겨요. 그래서 음식을 더 먹으라는 말에 "괜찮아요."라고 대답하지만 한국의 문화를 모르는 외국인은 있는 그대로 받아들일 수 있죠. 이처럼 사회·문화적 맥락은 언어 사용의 차이를 가져오고 담화의 의미를 해석하는 데 영향을 줄 수 있답니다.

*관습(慣 버릇 관 習 익힐 습) : 어떤 사회에서 오랫동안 지켜 내려와 구성원들이 널리 인정하는 질서나 습관
*사양(辭 말씀 사 讓 사양할 양) : 겸손하여 받지 않거나 남에게 양보함.

정답 공개 ❷ 사회·문화적 맥락

온탕에 들어가서 시원하다고 말하는 Y♥U쌤의 표현에는 한국의 사회·문화적 맥락이 반영되어 있어요. 뜨거워서 후후 불어야 하지만 속을 개운하게 만드는 음식을 먹을 때 "시원하다~"라고 말하는 것과 같아요.

핵심 정리

상황 맥락	사회·문화적 맥락
• 화자와 청자가 처한 구체적인 상황 • 시간, 장소, 주제, 화자의 의도, 목적 등이 포함됨. • 담화의 해석에 직접적인 영향을 줌.	• 하나의 사회 집단이 만들고 공유하는 사회·문화적 상황 • 지역, 세대, 성별, 문화 등이 포함됨. • 담화의 해석에 간접적인 영향을 줌.

"원활한 의사소통을 위해선 내용뿐 아니라 대화가 이루어지는 상황도 잘 살펴야 해. 나와 다른 사회·문화적 환경에서 자란 사람의 특성을 이해할 수 있도록 노력해야 한다는 뜻이지."

국서의 상황에 알맞은 관용 표현은 무엇일까요?

Q

난이도 ★★☆

하굣길에 만난 국준이와 국서. 국준이는 새로 나온 게임 소식을 전하며 국서에게 같이 하자고 꼬드기는데요. 국서는 망설이다 결국 숙제를 미루기로 해요. 이때 국서의 상황에 알맞은 관용 표현은 무엇일까요?

단서

- 관용 표현은 둘 이상의 단어가 어울려 원래의 뜻과 다르게 쓰인다.
- 관용 표현을 사용하여 자신의 생각을 효과적으로 전달할 수 있다.
- 국서는 해야 할 일을 계속 미루고 있다.

❶ 귀가 얇다.

❷ 손이 크다.

속담 俗 談

풍속 속 말씀 담

157

예로부터 전해지는 조상들의 지혜가 담긴 표현

속담은 옛사람들이 오랜 세월 동안 경험하면서 얻은 삶의 지혜를 쉽고 짧게 담은 표현을 말해요. 언제, 누구에 의해 만들어졌는지 알 수 없지만 수많은 공감을 얻어 지금까지 사용되고 있어요. 속담은 주로 문장 형태로 표현되며, 의미를 비유적으로 나타내는 편이에요. 예를 들어 '등잔 밑이 어둡다.'는 가까이 있는 것을 도리어 알아보지 못한다는 뜻을 지녀요. 이처럼 속담을 사용하면 전하고 싶은 내용을 간단하게 표현하거나 청자의 관심을 불러일으킬 수 있어요.

관용 표현 慣用表現

慣 버릇 관 用 쓸 용 表 겉 표 現 나타날 현

158

둘 이상의 단어가 합쳐져 원래와 다른 새로운 뜻으로 굳어져 쓰이는 표현

'국준이는 발이 넓고, 어려움에 처한 친구를 위해 발 벗고 나서는 친구예요.'라는 문장이 있어요. 이때 '발이 넓다.', '발 벗고 나서다.'라는 말은 무슨 뜻일까요? '발이 넓다.'는 '아는 사람이 많다.', '발 벗고 나서다.'는 '어떤 일에 적극적으로 참여하다.'를 나타내요. 문자 그대로 발의 너비가 넓다거나 양말, 신발을 벗고 나선다는 뜻이 아니죠.

관용 표현은 둘 이상의 단어가 결합하여 원래의 뜻과 다르게 습관적으로 사용되는 표현을 말해요. '발이 넓다.', '발 벗고 나서다.' 모두 관용 표현이에요. 한 덩어리로 굳어져 쓰이기 때문에 개인이 마음대로 바꿀 수 없어요. 이처럼 관용 표현을 사용하면 청자의 기분이 상하지 않게 말하고자 하는 바를 전달하거나 같은 내용이라도 쉽고 재미있게 표현할 수 있어요.

정답 공개 ❶ 귀가 얇다.

'귀가 얇다.'는 실제 귀의 두께가 얇다는 게 아니라, 다른 사람의 말에 잘 흔들리고 쉽게 의견을 받아들인다는 의미예요. 반면 '손이 크다.'는 씀씀이가 후하고 크다는 뜻을 담고 있어요. 국서는 국준이의 꼬드김에 넘어가 계속 숙제를 미루었으므로 귀가 얇다고 볼 수 있어요.

핵심 정리

속담	관용 표현
• 예로부터 전해지는 조상들의 지혜가 담긴 표현 • 주로 문장 형태로 비유적으로 표현함.	• 둘 이상의 단어가 합쳐져 원래와 다른 새로운 뜻으로 굳어져 쓰이는 표현 • 개인이 마음대로 바꿀 수 없음.
• 말하고자 하는 바를 쉽고 재미있게 전달할 수 있음.	

"속담은 오랜 세월을 거쳐 삶에서 얻은 교훈을 간결하게 나타내지.
보통 평범한 사람들의 지혜를 담고 있는데 풍자성을 띠는 경우가 많아.
하지만 관용 표현은 속담에 비해 풍자성과 교훈성이 약한 편이야."

국주의 말하기 방법은 무엇에 해당할까요?

Q

난이도 ★★☆

연예 기사를 보다가 깜짝 놀란 국주. 서둘러 친구들에게 소식을 전하는데요. 국주의 말하기 방법은 다음 중 무엇에 해당할까요?

단서

- 발표와 연설은 공적인 의사소통 방법이다.
- 발표는 정보를 전달하기 위한 말하기이고, 연설은 상대방을 설득하기 위한 말하기이다.

❶ 발표　　❷ 연설

발표 發 表

필발 걸표

159

여러 사람 앞에서 생각이나 사실을 널리 알리는 말하기

발표는 여러 사람 앞에서 어떤 생각이나 사실, 정보를 드러내어 알리는 말하기예요. 먼저 발표자는 청중*의 나이나 지적 수준 등을 고려하여 알맞은 주제, 목적, 표현 방식을 정해야 해요. 시청각 자료*를 적절하게 활용하면 청중의 이해를 도울 수 있어요. 또 같은 시간, 공간에서 직접적으로 이루어지는 의사소통이기 때문에 청중의 반응을 살피면서 준언어적·비언어적 표현을 쓰면 효과적이에요. 청중은 발표 내용을 무조건 받아들이기보다 믿을 만한지, 타당한지 등을 살피며 비판적인 자세로 들어야 한답니다.

***청중**(聽 들을 청 衆 무리 중) : **발표, 연설, 음악 등을 듣기 위해 모인 사람들**

***시청각 자료**(視 볼 시 聽 들을 청 覺 깨달을 각 資 재물 자 料 되질할 료) : **사진, 영상, 음성 등 시각과 청각을 통해 정보를 전달하는 자료**

160

연설 演 펼 연 說 말씀 설

여러 사람 앞에서 자신의 주장이나 의견을 이야기하는 말하기

연설은 청중의 생각, 행동 등을 변화시키기 위해 여러 사람 앞에서 자신의 주장이나 의견을 내세우는 말하기예요. 발표의 목적이 객관적인 자료를 근거로 한 정보 전달이라면 연설의 목적은 설득이죠. 그래서 연설자는 격식*을 갖춰 말해야 해요.

연설에는 다양한 설득 전략이 있어요. 자신의 주장에 대해 논리적인 근거를 제시할 수도 있고, 감정에 호소하여 청중의 마음을 움직이거나, 연설자의 됨됨이 또는 전문성을 강조하여 설득력을 높일 수 있어요. 따라서 청중은 연설 내용을 따져 보면서 비판적으로 들어야 한답니다.

*격식(格 격식 격 式 법 식) : 격에 맞는 일정한 방식

정답 공개 ① 발표

국주는 평소 좋아하던 아이돌의 결혼 소식을 친구들에게 알렸어요. 그 내용을 들은 국순이와 국준이는 놀라움을 나타냈죠. 같은 시간, 공간에서 정보 전달이 직접적으로 이루어지므로 국주의 말하기는 발표라고 볼 수 있어요.

핵심 정리

발표	연설
• 여러 사람 앞에서 생각이나 사실을 널리 알리는 말하기 • 정보 전달을 목적으로 함. • 발표자는 알맞은 주제, 목적, 표현 방식을 정해야 하고 청중은 비판적인 자세로 들어야 함.	• 여러 사람 앞에서 자신의 주장이나 의견을 이야기하는 말하기 • 설득을 목적으로 함. • 연설자는 격식을 갖춰 말해야 하고 청중은 비판적인 자세로 들어야 함.

"발표와 연설은 한 명의 화자가 여러 명의 청중과 소통한다는 공통점이 있어.
발표가 정보 전달을 목적으로 하는 것과 달리,
연설은 설득을 위해서 말한다는 차이점이 있지."

TV 광고에 사용된 설득 전략은 무엇일까요?

Q

난이도 ★★☆

TV 광고를 보던 국주의 눈이 별안간 동그래졌어요. 국준이는 미루어 뒀던 운동을 다시 시작할지 고민까지 하는데요. TV 광고에 사용된 설득 전략은 다음 중 무엇일까요?

단서

- 설득은 주장이나 의견을 나타냄으로써 상대방의 생각, 행동 등에 영향을 주는 활동이다.
- 설득력을 높이는 방법에는 이성적 설득 전략, 감성적 설득 전략, 인성적 설득 전략이 있다.
- 이성적 설득 전략은 청중의 이성, 감성적 설득 전략은 청중의 감정에 호소한다.

❶ 이성적 설득 전략

❷ 감성적 설득 전략

이성적 설득 전략 理性的說得 161

理 다스릴 이 性 성품 성 的 과녁 적 說 말씀 설 得 얻을 득

청중의 이성*에 기대어 논리적으로 설득하는 방법

상대방을 설득하는 일은 쉽지 않아요. 화자가 전달하는 내용이 논리적이더라도 청중의 감정을 고려하지 못하면 설득하기가 어려워요. 마찬가지로 감정에 호소하더라도 주장을 뒷받침하는 근거가 논리적이지 않으면 설득력이 떨어지죠. 그래서 누군가를 설득하기 위해선 어떤 상황이나 문제에 대해 호소력* 있게 접근하는 것이 중요해요.

이성적 설득 전략은 청중의 이성에 기대어 주장의 타당성을 증명하여 설득하는 방법을 말해요. 이때 통계 자료, 전문가의 의견, 역사적 사실 등을 근거로 제시할 수 있어요. 예를 들어 '운동을 해야 한다.'를 주제로 연설할 때 운동이 건강에 미치는 연구 결과를 가지고 청중을 설득하는 것과 같아요. 이처럼 이성적 설득 전략은 객관적인 근거를 토대로 화자의 주장을 강조한답니다.

*호소력(呼 부를 호 訴 하소연할 소 力 힘 력) : 강한 인상을 주어 마음을 사로잡는 힘

*이성(理 다스릴 이 性 성품 성) : 참과 거짓, 선과 악 등을 가려내어 바르게 판단하는 능력

감성적 설득 전략

感 느낄 감 性 성품 성 的 과녁 적 說 말씀 설 得 얻을 득

162

청중의 감정에 호소하여 설득하는 방법

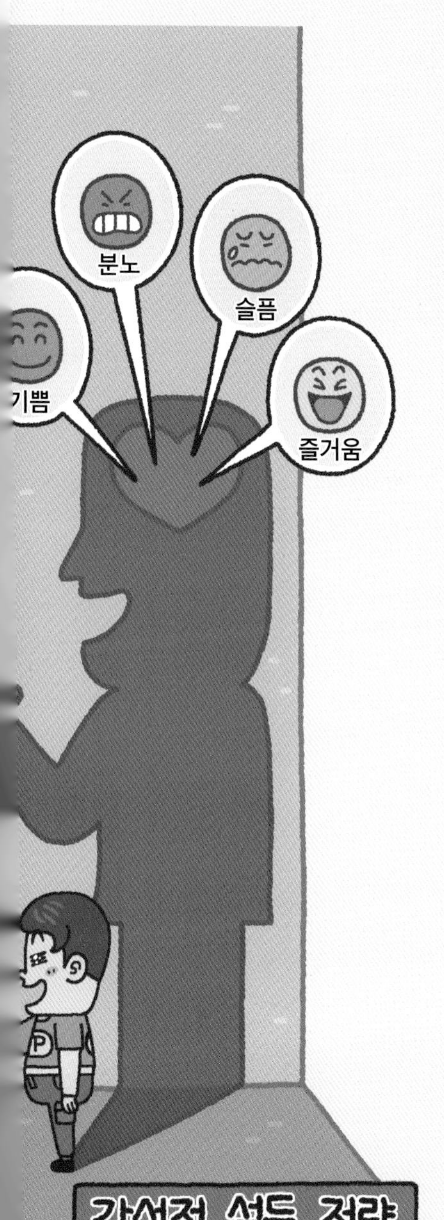

감성적 설득 전략은 기쁨, 슬픔, 분노, 동정심 등 청중의 감정을 자극하여 설득하는 방법을 말해요. 이때 청중이 공감할 만한 사례나 상황 등을 함께 제시할 수 있어요.
앞에서 설명한 예시에서 나쁜 식습관과 운동 부족으로 건강을 해친 사람의 후회를 생생하게 묘사하는 것과 같아요. 청중은 두려움, 동정심 등을 느끼게 되면서 올바른 식습관과 운동의 필요성을 더 쉽게 받아들일 수 있어요. 하지만 특정 집단, 지역, 의견 등에 대한 거부감을 불러일으키거나 잘못된 판단을 하도록 만든다면 문제가 될 수 있어요. 따라서 이성적 설득 전략과 감성적 설득 전략을 적절하게 사용해야 설득력을 높일 수 있답니다.

정답 공개 ❷ 감성적 설득 전략

TV 광고는 한번 구매하면 끝인 명품 옷과 어떤 스타일이든 멋지게 소화할 수 있는 몸을 비교함으로써 청중에게 무엇을 선택하겠냐는 메시지를 던졌어요. 청중의 마음을 움직일 수 있는 사례를 제시하여 감정에 호소하고 있으므로 감성적 설득 전략에 해당해요.

핵심 정리

이성적 설득 전략	감성적 설득 전략
• 청중의 이성에 기대어 논리적으로 설득하는 방법 • 객관적인 근거(통계 자료, 전문가의 의견, 역사적 사실 등)를 제시함.	• 청중의 감정에 호소하여 설득하는 방법 • 공감이 될 만한 사례나 상황 등을 제시함.

화자가 어떤 주장에 대해 타당한 근거를 제시하며 청중을 설득한다면 이성적 설득 전략! 화자가 감정에 호소하여 자신의 주장을 받아들이도록 설득한다면 감성적 설득 전략! 화자가 청중을 변화시키기 위해 사용하는 설득 전략이 무엇인지 비판적으로 분석하면서 들어야 해.

토의의 주제로 적절한 것은 무엇일까요?

Q

난이도 ★★☆

반장인 국준이는 다음 주에 있을 학급 회의 때문에 고민에 빠졌어요. 토의의 주제로 적절한 것은 다음 중 무엇일까요?

단서

- 토의는 문제를 해결하기 위한 방법을 제시하는 협동적인 말하기이다.
- 토론은 찬성과 반대로 나누어 상대방을 설득하는 경쟁적인 말하기이다.
- 토의 주제가 정해지면 참가자들은 자료를 수집하고 문제 상황을 분석해야 한다.

❶ 학교에서 휴대폰 사용을 허용해야 한다.

❷ 당번 순서를 어떻게 정할 것인가?

❸ 친구끼리 별명으로 부르면 친구 관계에 도움이 된다.

토의 討 칠 토 議 의논할 의 163

어떤 문제를 해결하기 위해 여러 사람이 의견을 주고받는 말하기

토의는 공통된 문제에 대해 정보나 의견 등을 나누면서 문제를 해결하는 말하기예요. 토의의 주제가 되기 위해선 여러 사람이 함께 생각해 볼 필요가 있고, 공통의 관심을 이끌어 내며, 시의적절*해야 해요. 또 이러한 과정을 통해 문제를 해결할 수 있는 가능성이 있어야 하죠. 예를 들어 '화단 청소를 어떻게 할 것인가?'를 주제로 학생들이 자유롭게 의견을 주고받는다면 토의에 해당해요.

토의는 직접 참여하여 의견을 나누는 참가자, 참가자들의 의견을 듣는 청중, 토의 내용을 원활하게 이끌어 가는 사회자가 필요해요. 토의에 참여하는 사람들은 다른 사람의 의견을 존중하며 협동하는 태도를 가져야 한답니다.

***시의적절**(時 때 시 宜 마땅할 의 適 갈 적 切 끊을 절) : **그 당시의 사정이나 요구에 아주 알맞음.**

토론 討 論

칠 토 논의할 론

164

어떤 문제에 대해 찬성과 반대로 나누어 자신의 주장을 내세우는 말하기

토론은 서로 의견이 다른 문제에 대해 자신의 주장이 옳다고 내세우며 상대방을 설득하는 말하기예요. 토의와 토론 모두 해결 방법을 찾기 위해 여러 사람이 이야기를 나눈다는 점에선 비슷해요. 하지만 토의가 협동적인 말하기라면 토론은 경쟁적인 말하기라고 할 수 있어요.

토론의 주제가 되기 위해선 찬성과 반대로 나뉠 수 있는 문제여야 해요. 예를 들어 '길고양이에게 먹이를 주어야 한다.'를 주제로 입장이 엇갈린다면 토론에 해당해요.

토론은 의견을 나눌 거리인 논제, 각각 반대되는 의견을 가진 토론자, 토론자들의 의견을 듣는 청중, 토론을 진행하는 사회자가 필요해요. 토론에 참여하는 사람들은 정해진 발언 시간을 지켜야 하며, 단순한 말싸움이 아닌 논리적으로 설득하는 태도를 가져야 한답니다.

정답 공개 ❷ 당번 순서를 어떻게 정할 것인가?

'학교에서 휴대폰 사용을 허용해야 한다.', '친구끼리 별명으로 부르면 친구 관계에 도움이 된다.'는 찬성과 반대로 대립하여 서로의 주장에 대한 반박이 가능해요. 하지만 '당번 순서를 어떻게 정할 것인가?'에 대해선 가위바위보, 생일 순서 등 다양한 해결 방법을 제시할 수 있으므로 토의에 해당해요.

핵심 정리

토의	토론
• 어떤 문제를 해결하기 위해 여러 사람이 의견을 주고받는 말하기 • 협동적인 성격을 지님. • 공통의 관심사, 시의적절, 해결 가능성 등이 있는 주제를 선정해야 함. • 참가자, 청중, 사회자로 구성됨.	• 어떤 문제에 대해 찬성과 반대로 나누어 자신의 주장을 내세우는 말하기 • 경쟁적인 성격을 지님. • 찬성과 반대의 입장으로 나뉘는 주제를 선정해야 함. • 논제, 토론자, 청중, 사회자로 구성됨.

"공통된 문제에 대해 가장 좋은 해결 방법을 찾는다면 토의!
서로 의견이 다른 문제에 대해 자신의 주장을 논리적으로 펼친다면 토론!
예를 들어 '학교 폭력을 어떻게 해결할 수 있을 것인가?'는 토의이고,
'청소년의 팬클럽 활동을 금지해야 한다.'는 토론이지."

국순이와 친구들의 발화에서 느껴지는 담화의 조건은 무엇일까요?

Q

난이도 ★★☆

국순이와 친구들이 취미 생활을 주제로 이야기를 나누고 있어요. 각각의 발화에서 느껴지는 담화의 특성은 무엇일까요?

단서	• 담화가 되기 위해선 통일성과 응집성을 갖춰야 한다.
	• 내용 면에서 발화들이 하나의 통일된 주제를 가리킬 때 통일성이 생긴다.
	• 형식 면에서 발화들이 서로 관련 있음을 나타내는 표현이 있을 때 응집성이 생긴다.

❶ 통일성

❷ 응집성

통일성 統 一 性

거느릴 통 / 한 일 / 성품 성

165

모든 내용이 하나의 주제로 긴밀하게* 연결되는 특성

앞에서 배웠던 발화와 담화를 기억하나요? 발화들이 모여 담화가 되기 위해선 일정한 조건이 있어요. 그중에서도 통일성은 담화의 내용이 하나의 통일된 주제로 연결되는 특성을 말해요.

예를 들어 '저는 Y♥U쌤 덕분에 국포자에서 탈출하게 되었어요. Y♥U쌤은 핵심을 꿰뚫는 수업으로 국어와 친해질 수 있도록 도와주시죠. 어려운 개념도 재밌게 설명해 주셔서 이해가 쏙쏙 돼요. 언젠가 Y♥U쌤의 노래도 들어 보고 싶어요. 탄탄해지는 실력만큼, 국어가 더욱 좋아져요.'라는 내용이 있어요.

위의 담화는 '국어를 좋아하게 된 이유'를 설명하고 있어요. 그런데 이상한 문장이 눈에 띄죠? '언젠가 Y♥U쌤의 노래도 들어 보고 싶어요.'는 담화의 주제와 아무런 관련이 없어요. 이처럼 통일성을 높이기 위해선 중심 내용과 관계가 없는 내용을 삭제하면 된답니다.

*긴밀(緊 팽팽할 긴 密 빽빽할 밀)하다 : 서로의 관계가 매우 가까워 빈틈이 없다.

응집성 凝 集 性

엉길 응 모을 집 성품 성

166

문장과 문장, 문단과 문단이 서로 긴밀하게 연결되는 특성

응집성은 문장과 문장, 문단과 문단처럼 발화들끼리 겉으로 긴밀하게 연결되는 특성을 말해요. 통일성이 담화의 내용적인 조건이라면 응집성은 형식과 관계가 있죠.

예를 들어 '나는 어제 상한 우유를 마셨다.', '오늘 배탈이 났다.'라는 문장이 있어요. 이때 접속어* '그래서'를 사용하면 어제 상한 우유를 마신 것이 원인이 되어 오늘 배탈이 났다는 의미로 전달할 수 있어요.

또 지시어*를 통해 발화들을 연결하기도 해요. '나는 어제 귀걸이를 샀다. 그리고 그것을 Y♥U쌤에게 선물했다.'라는 문장에서 지시어 '그것'은 앞 문장의 '어제 산 귀걸이'를 가리켜요. 이처럼 응집성을 높이기 위해선 상황들 사이의 시간적 순서 또는 논리적 흐름 등을 드러내는 접속어나 앞에 나온 단어, 문장을 대신하는 지시어를 사용하면 된답니다.

*__접속어__(接 접할 접 續 이을 속 語 말씀 어) : **단어와 단어, 구절과 구절, 문장과 문장을 이어 주는 말**
*__지시어__(指 가리킬 지 示 보일 시 語 말씀 어) : **앞에 나온 내용을 가리킬 때 대신 쓰는 말**

정답 공개 ❶ 통일성

단순히 발화들을 모아 놓았다고 해서 담화가 되는 건 아니에요. 국순이와 친구들이 나눈 각각의 발화는 '취미 생활'이라는 하나의 통일된 주제를 다루고 있어요. 즉, 담화의 내용이 연결되어 있으므로 통일성을 갖추었다고 볼 수 있어요.

핵심 정리

통일성	응집성
• 모든 내용이 하나의 주제로 긴밀하게 연결되는 특성 • 담화의 내용적인 조건 • 중심 내용과 관계없는 내용을 삭제하면 통일성을 높일 수 있음.	• 문장과 문장, 문단과 문단이 서로 긴밀하게 연결되는 특성 • 담화의 형식적인 조건 • 접속어, 지시어를 사용하면 응집성을 높일 수 있음.

> 통일성은 글의 포함된 내용들 사이의 '의미적인' 연결 관계이고,
> 응집성은 글에 포함된 요소들 사이의 '표면적인' 연결 관계야.
> 이렇게 구분하면 앞으로 잊어버릴 일은 없겠지?

빈칸에 들어갈 지시어와 접속어는 무엇일까요?

Q

난이도 ★★☆

산책을 나갔던 국순이가 어흥이를 잃어버렸어요. Y♥U쌤의 도움으로 국순이는 어흥이를 찾는 전단지를 만들었는데요. 빈칸에 들어갈 지시어와 접속어는 무엇일까요?

단서

- 지시어는 앞에서 나온 말을 다시 가리킬 때, 접속어는 앞뒤 문장을 이어 줄 때 쓴다.
- 지시어의 앞부분을 살피면 지시어가 가리키는 내용을 찾을 수 있다.
- 접속어의 앞뒤 문장의 내용을 살피면 적절한 접속어를 찾을 수 있다.

❶ 그것 → 그러나

❷ 그곳 → 그리고

지시어 指 示 語

가리킬 지 보일 시 말씀 어

167

앞에 나온 내용을 대신하여 쓰는 말

발화들이 긴밀하게 연결되어 주제를 전달할 때 응집성이 있다고 할 수 있죠? 담화의 응집성을 높이기 위해선 지시어나 접속어 등을 적절하게 사용해야 해요. 먼저 지시어는 앞에 나온 내용을 가리킬 때 대신 쓰는 말이에요.

예를 들어 '작년에 나는 놀이동산에 갔다. 작년에는 키가 작아서 놀이동산에 있는 바이킹을 타지 못했다. 하지만 올해는 키가 자라 바이킹을 탈 수 있었다.'라는 내용이 있어요.

위의 담화에서 반복되는 말을 지시어로 바꾸면 '작년에 나는 놀이동산에 갔다. 그때는 키가 작아서 그곳에 있는 바이킹을 타지 못했다. 하지만 올해는 키가 자라 그것을 탈 수 있었다.'와 같이 표현할 수 있어요. 이처럼 지시어는 같은 말의 반복을 피해 문장을 간결하게 만들어 준답니다.

지시어의 종류

1. 말하는 사람에게 가까운 경우
이, 이것, 이분, 여기, 이쪽

2. 듣는 사람에게 가까운 경우
그, 그것, 그분, 거기, 그쪽

3. 모두에게 먼 경우
저, 저것, 저분, 저기, 저쪽

접속어

接 접할 접 續 이을 속 語 말씀 어

168

앞뒤 문장의 내용을 이어 주는 말

접속어는 단어와 단어, 구절*과 구절, 문장과 문장 등을 이어 주는 말이에요.

예를 들어 '아침에 일어나 눈을 떠 보니 해가 쨍쨍했다. 금세 날씨가 흐려지고 비가 오기 시작했다.'라는 내용이 있어요.

위의 담화에서 두 문장 사이에 접속어를 넣으면 '아침에 일어나 눈을 떠 보니 해가 쨍쨍했다. 그런데 금세 날씨가 흐려지고 비가 오기 시작했다.'와 같이 표현할 수 있어요. 이처럼 접속어는 앞뒤 문장의 연결 관계를 밝혀 내용의 흐름을 파악할 수 있도록 한답니다.

*구절(句 구절 구 節 마디 절) : 두 개 이상의 단어가 모여 단어나 문장을 이룬 부분

접속어의 종류

1. 비슷한 내용을 연결할 경우
그리고, 또한, 게다가, 아울러
2. 원인과 결과로 연결할 경우
그래서, 따라서, 그러므로, 왜냐하면
3. 반대되는 내용을 연결할 경우
그러나, 그런데, 하지만, 반면에
4. 앞 내용을 요약하거나 정리할 경우
결국, 즉, 다시 말해

정답 공개 ② 그곳 → 그리고

첫 번째 빈칸에서 국순이는 어흥이를 잃어버렸던 주주공원 대신 장소를 나타내는 지시어를 사용했어요. 전단지를 보는 사람 입장에서 쓴 문장이므로 '그곳'이 되죠. 또 접속어를 기준으로 앞 문장은 어흥이의 생김새를 소개하고, 뒤 문장에선 취미를 서술하고 있으므로 비슷한 내용을 연결하는 '그리고'가 적절해요.

지시어	접속어
• 앞에 나온 내용을 대신하여 쓰는 말 • 문장을 간결하게 만들어 줌.	• 앞뒤 문장의 내용을 이어 주는 말 • 내용의 흐름을 파악할 수 있도록 함.

> 지시어를 사용하면 같은 표현의 반복을 피할 수 있어.
> 접속어는 문장 사이의 관계를 분명하게 만들어 주지.
> 적절한 지시어, 접속어의 사용은 문장과 문장, 문단과 문단 등을
> 긴밀하게 연결해서 글의 짜임새를 높여 준다고~

국서가 문자 메시지를 요약하는 방법은 무엇일까요?

Q

난이도 ★★☆

국주에게 온 의문의 문자 메시지. 국주가 너무 길어서 무슨 말인지 모르겠다고 하자, 국서가 중요한 내용만 요약해서 알려 주는데요. 국서가 문자 메시지를 요약하는 방법은 다음 중 무엇일까요?

단서

- 요약하기는 글에서 중심 내용을 찾아 간추리는 것을 말한다.
- 요약하기의 기본은 중요하지 않은 내용의 '삭제'와 중요한 내용의 '선택'이다.
- 요약하면 글 전체를 읽지 않아도 내용을 파악할 수 있다.

❶ 삭제　　❷ 선택

삭제 削 除

깎을 삭 덜 제

169

덜 중요하거나 반복되는 내용 지우기.

글에서 중심 내용이 드러나도록 간략하게* 정리하는 것을 '요약하기'라고 불러요. 그중에서도 삭제는 글에서 덜 중요하거나 반복되는 내용, 예로 든 내용을 지워 중심 내용만 남기는 방법을 말해요.

예를 들어 '낮잠을 자던 어흥이가 일어났다. 잠이 깬 어흥이는 내 품에 쏙 들어오더니 볼을 비볐다. 나는 하늘을 날아갈 듯 기분이 좋았다.'라는 글이 있어요. '낮잠을 자던 어흥이가 일어났다.'는 뒤 문장의 내용을 반복하고, '쏙', '하늘을 날아갈 듯'은 상대적으로 덜 중요한 표현이므로 삭제할 수 있어요. 즉, '잠이 깬 어흥이가 내 품에 들어오더니 볼을 비벼서 기분이 좋았다.'로 요약할 수 있죠. 이처럼 삭제는 글의 내용이 주제에서 벗어나거나 불필요하게 되풀이될 때 활용한답니다.

***간략**(簡 대쪽 간 略 다스릴 략)**하다 : 간단하고 짤막하다.**

선택 選 擇

가릴 선 가릴 택

170

중심 내용이 분명하게 드러나는 중심 문장 찾기.

글에는 주제를 드러내는 중심 내용과 이것을 구체적으로 설명하는 뒷받침 내용이 있어요. 따라서 글을 요약할 때는 중심 내용과 뒷받침 내용을 구분해야 해요. 선택은 글에서 중심 내용이 분명하게 드러나는 중심 문장을 찾는 방법을 말해요.

예를 들어 '내 주위에는 뛰어난 재능을 가진 친구들이 많다. 국준이는 100m 달리기 대회에서 1등을 했고, 국주는 시화전에서 우승을 했다.'라는 글이 있어요. '내 주위에는 뛰어난 재능을 가진 친구들이 많다.'는 중심 내용이므로 선택하고, 국준이와 국주의 이야기는 뒷받침 내용에 해당하므로 걸러 낼 수 있어요. 즉, '내 주위에는 뛰어난 재능을 가진 친구들이 많다.'로 요약할 수 있죠. 이처럼 선택은 불필요하거나 사소한 내용, 예 등은 제외하고 중심 문장을 선택할 때 활용한답니다.

정답 공개 ❶ 삭제

국서는 국주가 받은 문자 메시지에서 불필요하거나 반복되는 내용을 삭제했어요. '안녕하세요.'와 같은 인사말이나 '본사에서는 예쁜 청소년들을 선발하여 교육 후 연예계 진출을 지원하고 있습니다. 교육비는 200만 원이고, 아래의 계좌로'처럼 뒤 문장과 되풀이되는 부분을 지움으로써 중심 내용만 정확하게 이해할 수 있었던 거죠.

핵심 정리

삭제	선택
• 요약하기에 해당함.	
• 덜 중요하거나 반복되는 내용 지우기. • 중심 내용만 남겨야 함.	• 중심 내용이 분명하게 드러나는 중심 문장 찾기. • 중심 내용과 뒷받침 내용을 구분해야 함.

글에서 중복되거나 세부 내용이 있다면 삭제!
중심 내용이 분명하게 드러난 문장이 있다면 선택!
하나의 문단을 요약할 때 두 가지 방법을 동시에 사용할 수도 있어!

국준이의 혼잣말을 요약하는 방법은 무엇일까요?

Q

난이도 ★★☆

어린이날 놀이공원에 모인 국순이와 친구들. 갑자기 국준이가 쭈뼛대더니 혼잣말을 중얼거렸어요. 무슨 말인지 몰라 모두가 답답한 가운데 국순이가 나서는데요. 국준이의 혼잣말을 요약하는 방법은 다음 중 무엇일까요?

단서

- 요약하기의 종류에는 삭제, 선택, 일반화, 재구성이 있다.
- 일반화는 세부 내용이 나열될 때 대표적인 말로 바꾸는 방법이다.
- 재구성은 중심 내용이 겉으로 드러나지 않을 때 제시된 내용으로 만드는 방법이다.

❶ 일반화

❷ 재구성

일반화 一 般 化

한 일 옮길 반 될 화

171

구체적이고 개별적인 내용을 이들을 포함하는 일반적인 말로 묶기.

글의 내용을 요약하는 방법에는 삭제, 선택 이외에도 두 가지가 있어요. 먼저 일반화는 글에 나타난 구체적이고 개별적*인 내용이나 세부적인 정보를 상위 개념으로 묶는 방법을 말해요.

예를 들어 '국서는 사과를 좋아해서 매일 아침마다 먹는다. 급식에 오렌지와 포도가 나오면 꼭 더 받는다. 여름이면 수박을 자주 찾아 이불에 지도를 그릴 때도 있다.'라는 글이 있어요. 사과, 오렌지, 포도, 수박을 아우르는 상위 개념에는 '과일'이 있으므로 '국서는 과일을 좋아한다.'로 일반화하여 요약할 수 있어요.

***개별적**(個 낱 개 別 다를 별 的 과녁 적) : **여럿 중에서 하나씩 따로 나뉘어 있는**

재구성 再 構 成

다시 재 얽을 구 이룰 성

172

제시된 내용을 바탕으로 중심 내용 만들기.

글을 읽다 보면 중심 내용이 분명하게 드러나지 않을 때가 있어요. 재구성은 제시된 문장이나 문단* 등을 조합하여 새롭게 중심 내용을 만드는 방법을 말해요. 예를 들어 '국순이는 학교에서 존 적이 없다. 쉬는 시간에는 수업 내용을 복습하고, 학교가 끝난 뒤에도 Y♥U쌤의 인강을 듣는다. 공부할 때는 어흥이가 아무리 애교를 부려도 집중한다.'라는 글이 있어요. 중심 내용이 분명하지 않지만 겉으로 드러난 정보를 통해 '국순이는 공부를 열심히 한다.'로 재구성하여 요약할 수 있어요.

*문단(文 글월 문 段 구분 단) : 여러 개의 문장이 모여서 하나의 중심 생각을 나타내는 단위

정답 공개 ① 일반화

국준이는 자이로드롭, 후룸라이드를 보며 자신의 느낌을 표현했어요. 친구들을 따라 놀이공원에 갔지만 놀이 기구에 대한 공포를 직접적으로 드러내기가 머쓱했던 거죠. 다행히 국순이가 이러한 사실을 알아채고 일반화를 통해 국준이의 말을 요약했네요.

핵심 정리

일반화	재구성
• 요약하기에 해당함.	
• 구체적이고 개별적인 내용을 이들을 포함하는 일반적인 말로 묶기.	• 제시된 내용을 바탕으로 중심 문장 만들기.

일반화는 여러 개의 하위 개념을 상위 개념으로 바꾸는 방법이야.
재구성은 중심 내용이 불분명할 때 핵심 개념을 담은 중심 내용을 새롭게 만들지.
둘의 차이를 확실하게 알아 두자!

국주가 쩔쩔맨 이유는 어떤 글쓰기 과정 때문일까요?

Q

난이도 ★★☆

한 달 넘게 유튜브 구독자가 늘어나질 않자 고민에 빠진 국주. 결국 먹방을 찍기로 하는데요. 촬영 도중 국주가 쩔쩔맨 이유는 글쓰기로 치자면 어떤 과정 때문일까요?

단서

- 글쓰기는 어려움을 극복하면서 완성되기 때문에 '문제 해결 과정'이라고도 한다.
- 내용 생성하기에선 다양한 매체를 활용하여 자료를 수집하고 글의 내용을 정한다.
- 내용 조직하기에선 글의 내용을 어떤 순서로 엮을지 정한다.

❶ 내용 생성하기

❷ 내용 조직하기

내용 생성하기

生 날 생 成 이룰 성

173

주제, 목적, 예상 독자 등을 고려하여 글의 내용을 만드는 단계

글쓰기는 보통 '계획하기 → 내용 생성하기 → 내용 조직하기 → 표현하기 → 고쳐쓰기'의 과정으로 이루어져요. 먼저 계획하기에선 글의 주제, 목적, 예상 독자 등을 정해요. 이 단계가 끝나면 주제와 관련된 중심 내용과 뒷받침 내용을 준비해야 해요. 즉, 내용 생성하기는 다양한 자료를 참고하여 글의 내용을 만드는 단계를 말해요.

이때 책이나 신문, 인터넷 등 여러 매체를 통해 정보를 수집할 수 있어요. 하지만 그 자료가 믿을 만한지 살피고, 주제와 밀접한* 내용만 선택해야 한답니다.

*밀접(密 빽빽할 밀 接 접할 접)하다 : 아주 가깝게 맞닿아 있거나 그런 관계에 있다.

내용 조직하기 組 짤 조 織 짤 직 174

글의 흐름에 맞게 내용을 배치하는 단계

좋은 글을 쓰기 위해선 주제가 분명하게 드러날 수 있도록 내용을 긴밀하게 연결하는 것도 중요해요. 즉, 내용 조직하기는 생성된 내용을 글의 흐름에 맞게 배치하는 단계를 말해요.

이때 주제와 밀접한 내용을 중심으로 개요*를 작성해야 해요. 글은 보통 '처음 – 중간 – 끝'의 구조로 이루어져요. '처음'에는 화제*를 제시하며 독자의 관심을 불러일으켜요. '중간'에선 글의 중심 내용을 보여 주죠. '끝'이 되면 앞에서 말한 내용을 요약하면서 글의 주제를 다시 한번 강조해요. 이처럼 내용을 조직할 땐 한 편의 글을 짜임새 있게 정리해야 한답니다.

***개요**(槪 대개 개 要 중요할 요) : **간결하게 추려 낸 주요 내용**
***화제**(話 말할 화 題 제목 제) : **이야기할 만한 재료나 소재**

정답 공개 ❷ 내용 조직하기

국주는 유튜브 구독자 수를 늘리기 위해 새 학기가 시작되고 주위 친구들이 접근하기 좋은 편의점에서 먹방을 찍기로 했어요. 주제, 목적, 예상 독자에 맞춰 글의 내용을 준비한 것과 같죠. 하지만 먹방을 어떤 순서로 전개하면 좋을지 정하지 못해 쩔쩔맬 수밖에 없었어요. 즉, 글쓰기로 치자면 개요를 짜는 과정에서 고민하고 있다고 볼 수 있어요.

핵심 정리

내용 생성하기	내용 조직하기
• 주제, 목적, 예상 독자 등을 고려하여 글의 내용을 만드는 단계 • 자료의 신뢰성, 주제와의 연관성을 고려해야 함.	• 글의 흐름에 맞게 내용을 배치하는 단계 • 내용의 통일성을 살펴봐야 함.

> 글쓰기는 '계획하기 → 내용 생성하기 → 내용 조직하기 → 표현하기 → 고쳐쓰기'의 단계를 거쳐 완성되기 때문에 '문제 해결 과정'이라고 불러. 그중에서도 다양한 매체를 활용하여 주제와 관련된 자료를 수집한다면 내용 생성하기이고, 글의 흐름에 맞게 내용을 짜임새 있게 배치한다면 내용 조직하기야.

국준이가 쓴 글은 고쳐쓰기의 어떤 원리에 따라 수정되어야 할까요?

Q

난이도 ★★☆

Y♥U쌤은 글쓰기를 잘하는 사람에게 지니어스가 될 기회를 주기로 했어요. 국포자에서 탈출하기 위해 국서, 국준이가 경쟁을 벌이는데요. 국준이가 쓴 글은 고쳐쓰기의 어떤 원리에 따라 수정되어야 할까요?

단서

- 글쓰기의 마지막 단계인 고쳐쓰기는 추가, 대치 등에 의해 이루어진다.
- 추가는 부족한 내용을 보충한다.
- 대치는 내용이나 표현을 적절하게 바꾼다.

① 추가

② 대치

추가 追 加

쫓을 추 더할 가

175

필요한 내용을 더함.

글쓰기를 할 때 처음 쓴 글이 완벽하면 좋겠지만 그러기는 쉽지 않아요. 독자가 이해하기 쉽도록 글의 주제나 목적에 맞게 쓰였는지, 잘못된 내용이나 표현은 없는지 점검하고 수정하는 '고쳐쓰기'가 필요하죠. 그중에서도 추가는 설명이 부족할 때 필요한 내용을 보충하는 것을 말해요. 초고*의 내용이 충분하지 않거나, 내용을 지나치게 생략하면서 원래의 의미가 잘 전달되지 않을 때, 주제가 분명하게 드러나지 않을 때 추가를 활용할 수 있어요.

*초고(草 풀 초 稿 볏짚 고) : 맨 처음에 대강 쓴 원고

대치 代 置

대신할 대 둘 치

176

적절하지 않은 부분을 다른 내용으로 바꿈.

대치는 어색하거나 잘못된 부분을 적절한 내용으로 바꾸는 것을 말해요. 높임법*이나 시간 표현 등 문법적인 표현이 올바르지 않을 때, 단어가 맞춤법에 어긋났을 때, 지시어나 접속어가 적절하지 않을 때 대치를 활용할 수 있어요. 고쳐쓰기를 할 때는 '글 수준 → 문단 수준 → 문장 수준 → 단어 수준'으로 범위를 점점 좁혀 가야 해요. 하지만 고쳐쓰기를 꼭 글쓰기의 마무리 단계에서 해야 하는 것은 아니에요. 글을 쓰는 모든 과정에서 이루어질 수 있답니다.

*높임법(높임 法 법 법) : 남을 높여서 말하는 법

정답 공개 ❷ 대치

국준이가 쓴 글에서 '여쭤보니'는 웃어른에게 쓰는 표현으로 높임법이 잘못 사용되었어요. 자신과 나이가 같은 친구들을 대상으로 하므로 '물어보니'로 바꿔야 적절하죠. 또 앞 문장과 뒤 문장의 관계가 원인과 결과로 볼 수 있기 때문에 접속어 '그러나'를 '그러므로'로 수정해야 자연스러워요. 따라서 어색하거나 잘못된 부분을 바꾸는 대치가 필요해요.

핵심 정리

<table>
<tr><th>추가</th><th>대치</th></tr>
<tr><td colspan="2">• 고쳐쓰기에 해당함.</td></tr>
<tr><td>• 필요한 내용을 더함.
• 설명이 충분하지 않을 때, 지나친 생략으로 원래의 의미가 전달되지 않을 때, 주제가 분명하지 않을 때 활용함.</td><td>• 적절하지 않은 부분을 다른 내용으로 바꿈.
• 문법적인 표현, 단어, 지시어나 접속어가 올바르지 않을 때 활용함.</td></tr>
</table>

고쳐쓰기는 글쓴이의 생각이나 느낌이 잘 드러났는지 검토하고 수정하는 과정이야.
전체적인 맥락에서 세부적인 내용 순으로 살펴보는 게 좋지.
그중에서도 새로운 내용을 보충한다면 추가이고,
어색하거나 잘못된 부분을 적절하게 교체한다면 대치야.

호떡 조리법과 복약 안내문의 공통점은 무엇일까요?

Q

난이도 ★☆☆

오늘 하루 쫄쫄 굶은 국서가 호떡을 발견했어요. 그런데 급하게 먹다 배탈이 나고 말았죠. 국서는 복약 안내문과 호떡 조리법이 닮은 것 같다고 느꼈는데요. 이들의 공통점은 무엇일까요?

단서
- 설명문은 지식이나 정보를 있는 그대로 전달한다.
- 논설문은 문제에 대해 자신의 의견을 주장한다.
- 국서가 글을 읽고 난 뒤의 행동에 주목하자.

❶ 설명문

❷ 논설문

설명문 說 明 文

말씀 설 밝을 명 글월 문

177

지식이나 정보를 알기 쉽게 풀어 쓴 글

설명문은 사람, 사물, 현상 등 독자가 궁금해하는 대상에 대한 지식이나 정보를 전달하는 글을 말해요. 각종 안내문, 사용 설명서, 교과서 등이 해당하죠. 설명문은 사실에 바탕을 두는 '사실성', 객관적인 입장에서 서술하는 '객관성', 독자가 이해하기 쉬운 표현을 쓰는 '평이성', 정확한 의미의 단어나 문장을 사용하는 '정확성', '처음 – 중간 – 끝'의 짜임새 있는 '체계성'의 특징을 지녀요. 설명문을 읽을 땐 글에 그림, 사진, 그래프와 같이 다양한 자료가 활용되기 때문에 정보의 출처*가 분명한지 살펴봐야 해요.

*출처(出 날 출 處 곳 처) : 사물, 말 등이 생기거나 나온 근거

논설문

論 논의할 논 說 말씀 설 文 글월 문

178

주제에 대해 자신의 생각이나 주장을 논리적으로 쓴 글

논설문은 문제 상황에 대해 자신의 생각이나 주장을 논리적으로 펼치는 글을 말해요. 글쓴이가 내세우는 주장과 이를 뒷받침하는 근거로 이루어져 독자를 설득하는 데 목적이 있어요. 논문, 사설*, 평론* 등이 해당하죠.

논설문은 주장이 분명하게 드러나는 '주관성', 주장에 대해 적절한 근거를 제시하는 '타당성', 주장과 근거가 믿을 만한 사실이어야 한다는 '신뢰성', '서론 – 본론 – 결론'의 구성에 맞게 전개되는 '체계성'의 특징을 지녀요.

논설문을 읽을 땐 애매하거나 단정적인 표현은 없는지, 주장은 일관성 있게 전개되는지 살펴봐야 해요.

*__사설__(社 모일 사 說 말씀 설) : 신문이나 잡지에서 글쓴이의 주장이나 의견을 써내는 글

*__평론__(評 품평 평 論 논의할 론) : 사물의 가치, 착한 것과 악한 것 등을 평가하여 논하는 글

정답 공개 ① 설명문

국서는 호떡 조리법을 보고 호떡을 만들 수 있었어요. 또 복약 안내문을 통해 어떤 약을 얼마만큼 먹어야 하는지 알 수 있었죠. 두 가지 모두 국서가 필요한 정보를 제공하고 있으므로 설명문이라고 볼 수 있어요.

핵심 정리

설명문	논설문
• 지식이나 정보를 알기 쉽게 풀어 쓴 글 • 정보 전달을 목적으로 함. • 안내문, 사용 설명서, 교과서 등이 해당함. • 사실성, 객관성, 평이성, 정확성, 체계성의 특징을 지님.	• 주제에 대해 자신의 생각이나 주장을 논리적으로 쓴 글 • 설득을 목적으로 함. • 논문, 사설, 평론 등이 해당함. • 주관성, 타당성, 신뢰성, 체계성의 특징을 지님.

“설명문을 읽을 땐 글의 주제와 내용을 전달하기 위해 어떤 설명 방법을 활용하고 있는지 파악해야 해. 논설문을 읽을 땐 글쓴이의 주장을 찾고, 이를 뒷받침하는 근거와 논증 방법을 확인하면 글의 특징을 구분하기 쉽다는 사실~”

Y♥U쌤의 옷에 대해 아이들의 생각이 다른 이유는 무엇일까요?

Q

난이도 ★☆☆

Y♥U쌤이 신상 옷을 장만했어요. 그러고는 아이들 앞에서 패션쇼를 여는데요. Y♥U쌤의 옷에 대해 아이들의 생각이 각각 다른 이유는 무엇일까요?

단서

- 같은 대상을 두고도 어떤 관점으로 바라보느냐에 따라 생각이 달라질 수 있다.
- 관점의 종류에는 객관적, 주관적 등이 있다.
- 객관적은 누가 보아도 그러하다고 인정되는 반면, 주관적은 사람마다 다르다.

❶ 객관적이라서

❷ 주관적이라서

객관적 客觀的

客 손님 객 觀 볼 관 的 과녁 적

179

다른 사람의 입장에서 사물 등을 보거나 생각하는 것

같은 대상을 다룬 글이라도 글쓴이의 관점에 따라서 내용과 주제가 달라질 수 있어요. 이때 관점이란 글쓴이가 대상을 바라보는 시각이나 생각, 태도 등을 가리켜요. 그중에서도 '객관적'은 제삼자의 입장에서 사물 등을 보거나 생각하는 것을 말해요. 예를 들어 강아지를 설명할 때 '강아지는 개의 새끼이다.'라고 한다면 누구나 인정할 수 있으므로 객관적이에요.
설명문은 글쓴이의 생각이나 의견이 아닌 사실을 서술하기 때문에 객관적인 글에 해당해요.

주관적 主 觀 的

주인 주 볼 관 과녁 적

180

자신의 입장에서 사물 등을 보거나 생각하는 것

'주관적'은 개인적인 입장에서 사물 등을 보거나 생각하는 것을 말해요. 예를 들어 눈앞에 강아지가 있다고 상상해 보세요. 생김새 때문에 '강아지가 귀엽다.'라고 느끼는 사람도 있고, 세상을 떠난 반려견을 떠올리며 '강아지를 보니 슬프다.'라고 말하는 사람도 있겠죠? 이처럼 강아지를 보며 드는 느낌은 사람마다 다르므로 주관적이에요.

논설문은 문제 상황에 대한 글쓴이의 생각이나 주장을 제시하기 때문에 주관적인 글에 해당해요.

정답 공개 ① 주관적이라서

Y♥U쌤의 옷을 보고 아이들은 서로 다른 반응을 보였어요. 가지고 있는 느낌이나 생각이 다르기 때문이에요. 즉, 자신의 관점에서 말하고 있으므로 주관적이라고 볼 수 있어요.

핵심 정리

객관적	주관적
• 다른 사람의 입장에서 사물 등을 보거나 생각하는 것 • 설명문이 해당함.	• 자신의 입장에서 사물 등을 보거나 생각하는 것 • 논설문이 해당함.

" 자신과의 관계에서 벗어나 다른 사람에게도 인정될 수 있는 관점으로 생각한다면 객관적! 자신의 의견이나 관점을 기준으로 생각한다면 주관적! 따라서 정확한 정보를 전달하는 설명문은 '객관적'인 글이고, 자신의 주장을 제시하는 논설문은 '주관적'인 글이야. "

국주가 쓴 글의 종류는 무엇일까요?

Q

난이도 ★☆☆

화장실을 이용할 때마다 막히는 변기 때문에 곤란했던 국주. 결국 교장 선생님께 도움을 요청하기로 하는데요. 국주가 쓴 글의 종류는 무엇일까요?

단서

- 보고서는 관찰, 조사, 실험의 과정과 결과를 드러낸다.
- 건의문은 문제 상황과 해결 방안을 제시한다.

❶ 보고서

❷ 건의문

보고서 報 告 書

報 갚을 보 告 아뢸 고 書 글 서

181

주제에 대해 관찰, 조사, 실험 등의 과정과 결과를 알리는 글

보고서는 어떤 주제에 대해 관찰, 조사, 실험 등의 내용을 정리하여 알리는 글을 말해요. 관찰 보고서, 조사 보고서, 실험 보고서 등이 해당하죠.

보고서는 누구나 받아들일 수 있도록 '객관성', 구체적이고 분명한 사실만 다루는 '정확성', '처음 – 중간 – 끝'의 짜임새 있는 '체계성'의 특징을 지녀요.

보고서를 쓸 땐 과정과 결과가 뚜렷하게 드러나야 해요. 그림, 사진, 그래프와 같은 시각 자료를 활용하면 이해를 도울 수 있어요. 처음 생각했던 것과 다른 결과가 나오더라도 있는 그대로 보여줘야 해요. 또 참고했던 자료의 출처와 참여한 사람의 이름 등을 밝혀야 한답니다.

건의문 建 議 文

세울 건 의논할 의 글월 문

182

문제 상황에 대해 의견을 제안하거나 해결을 요구하는 글

건의문은 개인이나 단체가 의견이나 희망을 내놓는 글을 말해요. 문제 상황을 해결할 수 있도록 독자를 설득하는 데 목적이 있죠.

건의문을 쓸 땐 주로 문제를 해결할 만한 권한을 가진 사람을 대상으로 하기 때문에 공손하게 표현해야 해요. 예를 들어 '우리 학교 앞에 불법 주차하는 차들을 단속해 주세요.'라는 주제로 시청 교통과 담당자에게 건의문을 쓰는 것과 같죠. 또 해결 방안은 구체적이고 현실에서 실현할 수 있어야 하며, 여러 사람에게 도움이 되는 공익성을 갖춰야 한답니다.

정답 공개 ❷ 건의문

국주는 자주 막히는 화장실 변기 때문에 불편을 겪어 왔어요. 그래서 친구들을 대표하여 이 문제를 해결할 만한 권한이 있는 교장 선생님을 설득하기로 한 거예요. 따라서 건의문으로 볼 수 있어요.

핵심 정리

보고서	건의문
• 주제에 대해 관찰, 조사, 실험 등의 과정과 결과를 알리는 글 • 내용의 객관성, 정확성, 체계성을 갖춰야 함.	• 문제 상황에 대해 의견을 제안하거나 해결을 요구하는 글 • 해결 방안의 실현 가능성, 공익성을 갖춰야 함.

“보고서는 관찰, 조사, 실험 등의 과정과 결과가 잘 드러나야 해. 따라서 주관적인 판단이나 근거 없는 추론은 위험하지. 건의문은 분명한 근거와 기대 효과를 나타내는 게 좋아.”

국주와 국준이가 Y♥U쌤을 설득할 때 빠트린 단계는 무엇일까요?

Q

난이도 ★☆☆

Y♥U쌤이 열심히 공부하는 아이들에게 간식을 사 주시기로 했어요. 치킨을 좋아하는 국주와 국준이는 Y♥U쌤을 설득하는데요. 이들이 Y♥U쌤을 설득할 때 빠트린 단계는 다음 중 무엇일까요?

단서

- 논설문은 다른 사람을 설득하는 데 목적이 있다.
- 논설문은 '서론 - 본론 - 결론'으로 이루어진다.
- 서론에선 호기심을 불러일으키고, 본론은 주장과 근거를 밝히고, 결론에서 정리한다.

❶ 서론 ❷ 본론 ❸ 결론

처음 - 중간 - 끝

주로 설명문에서 사용하는 글의 짜임

설명문, 보고서 등의 설명하는 글은 내용을 이해하기 쉽도록 구성되어야 해요. 그래서 보통 '처음 – 중간 – 끝'과 같은 짜임을 가져요. '처음'에는 독자의 흥미를 유발하면서 글을 쓴 목적, 대상, 방법 등을 소개해요. '중간'에선 다양한 자료를 활용하여 대상에 대해 구체적으로 설명하죠. '끝'이 되면 앞의 내용을 요약하거나 강조하며 마무리한답니다. 이처럼 지식이나 정보를 짜임새 있게 전개하면 설명하려는 내용을 분명하게 전달할 수 있어요.

서론 - 본론 - 결론

184

주로 논설문에서 사용하는 글의 짜임

논설문, 건의문 등의 주장하는 글은 글쓴이의 생각을 조리* 있게 전달하도록 구성되어야 해요. 그래서 보통 '서론 – 본론 – 결론'과 같은 짜임을 가져요. '서론'에선 문제를 제기하고 글을 쓴 목적을 밝혀요. '본론'에선 주장에 대한 근거를 제시하죠. 이때 근거는 주장을 뒷받침하고, 신뢰할 만한 정보여야 해요. '결론'이 되면 앞의 내용을 요약하거나 주장을 다시 한번 강조하며 마무리한답니다. 이처럼 주장에 대한 근거를 논리적으로 전개하면 설득력을 높일 수 있어요.

*조리(條 가지 조 理 다스릴 리) : 말이나 글 또는 일이나 행동에서 앞뒤가 들어맞음.

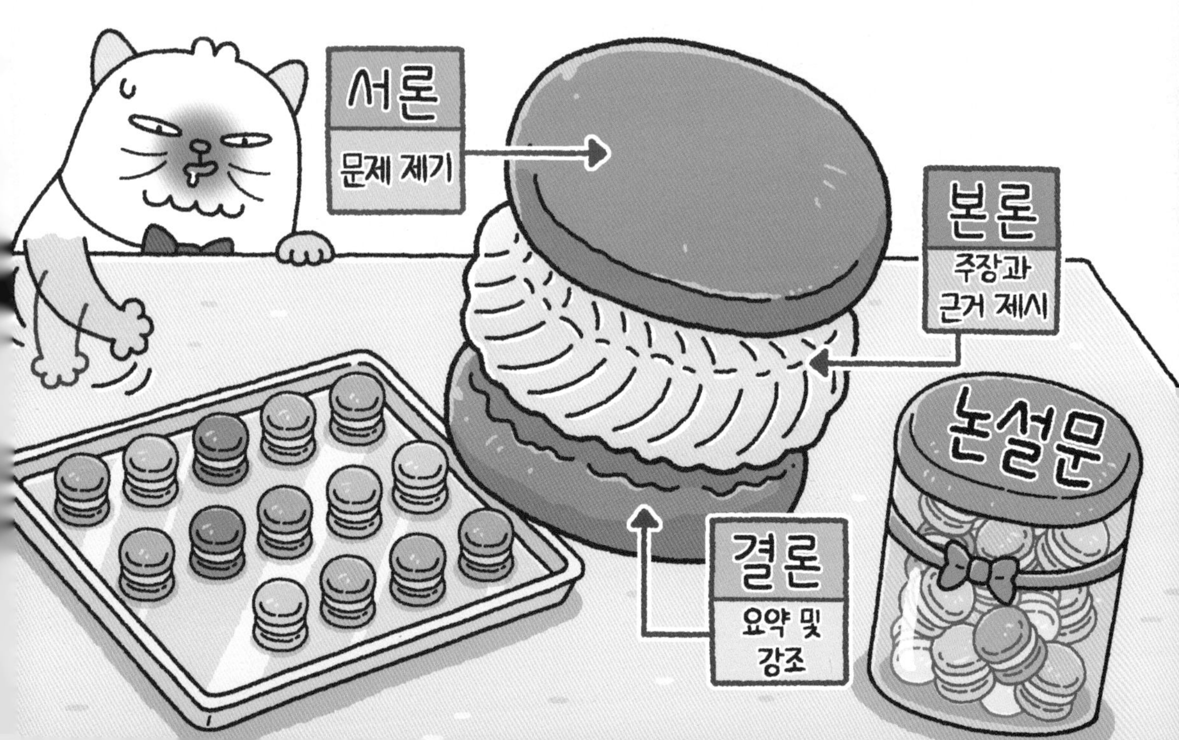

정답 공개 ③ 결론

국주와 국준이는 서론에서 치킨의 별명을 통해 호기심을 유발했어요. 본론에선 치킨을 간식으로 먹어야 한다고 주장하고 이에 대한 근거를 제시했죠. 하지만 앞의 내용을 요약하거나 주장을 강조하지 않아 치킨을 먹고 싶은 바람이 분명하게 전달되지 못했어요.

핵심 정리

처음 - 중간 - 끝	서론 - 본론 - 결론
• 주로 설명문에서 사용하는 글의 짜임 • 처음 : 글을 쓴 목적, 대상, 방법을 소개함. 중간 : 대상을 구체적으로 설명함. 끝 : 앞 내용에 대해 요약·정리함.	• 주로 논설문에서 사용하는 글의 짜임 • 서론 : 문제 제기, 글을 쓴 목적을 소개함. 본론 : 주장에 대한 근거를 제시함. 결론 : 앞 내용에 대해 요약·정리, 주장을 강조함.

“글을 읽다 보면 정해진 틀이 있다는 사실을 발견할 거야.
정보를 쉽게 전달하기 위한 설명문이나 보고서는 ‘처음 – 중간 – 끝’,
논리적인 설득이 필요한 논설문이나 건의문은 ‘서론 – 본론 – 결론’의 구조를 가지지.”

국서의 말하기 속 두 문장은 어떤 관계일까요?

Q

난이도 ★☆☆

국서가 어제 있었던 충격적인 사건을 국순이에게 털어놓고 있어요. 이때 국서의 말하기 속 두 문장은 어떤 관계일까요?

단서

- 단어와 단어, 구절과 구절, 문장과 문장 사이에는 논리적 관계가 있다.
- 순접 관계는 앞의 내용과 연결되도록 이어 준다.
- 역접 관계는 앞의 내용과 반대되도록 이어 준다.

❶ 순접 관계

❷ 역접 관계

순접 관계 順 接

순할 순 접할 접

185

앞뒤 내용이 논리적 모순 없이 순조롭게* 연결되는 관계

단어, 구*, 문장, 문단 사이에는 논리적 관계가 있어요. 예를 들어 '어젯밤에 라면을 먹고 잤다. 그래서 얼굴이 팅팅 부었다.'라는 내용에서 앞 문장이 원인, 뒤 문장이 결과가 되죠. 이러한 관계를 '문맥'이라고 불러요.

그중에서도 순접 관계는 앞뒤 내용이 논리적 모순 없이 순조롭게 이어지는 것을 말해요. 앞의 내용과 뒤의 내용은 이유, 원인, 조건 등의 관계로 이루어져요. 위의 예시는 원인과 결과에 해당하므로 순접 관계예요. 보통 '그리고', '그래서', '그러므로', '그러니' 등의 접속어를 활용하는 경우가 많아요.

*순조(順 순할 순 調 고를 조)롭다 : 일이 아무 탈이나 말썽 없이 예정대로 잘되어 가는 상태에 있다.

*구(句 구절 구) : 두 개 이상의 단어가 모여 하나의 단어처럼 쓰이는 말

역접 관계 逆 接

거스를 역 접할 접

186

앞의 내용과 반대되거나 부정하는 내용이 연결되는 관계

역접 관계는 앞에서 서술한 사실과 서로 반대되거나 일치하지 않는 내용이 뒤에서 나타나는 것을 말해요. 예를 들어 '밤늦게 배가 고파 라면을 끓였다. 하지만 라면 냄새를 맡은 국순이에게 뺏기고 말았다.'라는 내용이 있어요. 앞의 문장만 보면 라면을 맛있게 먹는 모습이 기대되지만 그와는 반대되는 문장이 이어지므로 역접 관계예요. 보통 '그러나', '하지만', '반면에' 등의 접속어를 활용하는 경우가 많아요.

정답 공개 ❷ 역접 관계

국서는 공공장소에서 부끄러운 모습을 보여 당황했지만, 겉으로 태연한 척 행동했어요. 앞 문장과 뒤 문장의 내용이 서로 반대되므로 역접 관계라고 할 수 있어요.

핵심 정리

순접 관계	역접 관계
• 앞뒤 내용이 논리적 모순 없이 순조롭게 연결되는 관계 • '그리고', '그래서', '그러므로', '그러니' 등의 접속어를 활용함.	• 앞의 내용과 반대되거나 부정하는 내용이 연결되는 관계 • '그러나', '하지만', '반면에' 등의 접속어를 활용함.

" 앞뒤 내용이 자연스럽게 이어진다면 '순접 관계'이고, 앞뒤 내용이 서로 반대된다면 '역접 관계'야. 앞의 내용과 다른 새로운 화제를 가져온다면 '전환 관계'라고 구분하지. "

열대야로 인한 상황은 어떤 설명 방법과 닮았을까요?

Q

난이도 ★☆☆

며칠째 계속되는 열대야 때문에 국순이와 국주가 잠을 못 이루고 있어요. 그래서 더위를 이겨 낼 방법을 찾는데요. 이러한 상황은 다음 중 어떤 설명 방법과 닮았을까요?

단서

- 설명 방법의 종류에는 정의, 인과 등이 있다.
- 정의는 설명하려는 대상에 대한 '뜻풀이'를 말한다.
- 인과는 어떤 일의 '원인'과 '결과'로 표현된다.

❶ 정의

❷ 인과

정의 定 義

정할 정 뜻 의

187

설명하고자 하는 대상의 의미를 분명하게 밝히는 방법

어떤 대상에 대한 지식이나 정보를 알려 주기 위해선 적절한 설명 방법을 활용해야 해요. 그중에서도 정의는 설명하려는 대상의 의미를 풀이하는 방법을 말해요. 주로 'A는 B이다.', 'A는 B를 뜻한다.'로 표현되죠. 예를 들어 '열대야는 방 밖의 온도가 25℃ 이상인 무더운 밤을 뜻한다.'와 같이 서술할 수 있어요. 이처럼 정의는 대상과 뒤이어 전개될 내용을 이해하는 데 도움이 된답니다.

인과 因 인할 인 果 열매 과

188

설명하고자 하는 대상을 원인과 결과의 관계로 밝히는 방법

인과에서 '인'은 원인, '과'는 결과를 의미해요. 즉, 인과는 설명하려는 대상을 원인과 결과를 중심으로 전개하는 방법을 말해요. 주로 원인이 되는 상황이 먼저 나오고 결과가 뒤에 이어지죠. 원인과 결과는 논리적으로 연결되어 있어요. 예를 들어 '폭염*으로 낮 동안 열기가 남아 있는 상태에서 따뜻하고 습한 공기가 계속 유입되면서 열대야가 나타난다.'와 같이 서술할 수 있어요. 따뜻하고 습한 공기가 원인, 열대야가 결과에 해당해요. 이처럼 인과는 원인과 결과가 분명한 자연 현상이나 과학 원리, 사회 현상 등을 설명할 때 효과적이랍니다.

*폭염(暴 나타낼 폭 炎 불탈 염) : 매우 심한 더위

정답 공개 ❷ 인과

국순이와 국주는 열대야로 뒤척이다가 더위를 이겨내기 위해 수영을 하러 갔어요. '열대야'라는 날씨가 원인이 되어 '수영'이라는 결과로 이어졌으므로 인과로 볼 수 있어요.

핵심 정리

정의	인과
• 설명 방법에 해당함.	
• 설명하고자 하는 대상의 의미를 분명하게 밝히는 방법 • 'A는 B이다.', 'A는 B를 뜻한다.'로 표현됨.	• 설명하고자 하는 대상을 원인과 결과의 관계로 설명하는 방법 • 원인 → 결과 순으로 이어짐.

“ 글의 주제와 내용을 효과적으로 전달하는 방법에는 여러 가지가 있어.
대상의 의미와 범위를 분명하게 밝힌다면 정의!
결과를 가져오는 원인이나 원인에 따른 결과를 설명한다면 인과!
같은 대상을 설명하더라도 글의 내용이나 의도에 따라 적절하게 활용해야 해. ”

Y♥U쌤의 말하기는 어떤 설명 방법과 닮았을까요?

Q

난이도 ★★☆

추석을 맞아 Y♥U쌤과 아이들이 모였어요. Y♥U쌤이 다 함께 즐길 수 있는 민속놀이를 소개하는데요. Y♥U쌤의 말하기는 다음 중 어떤 설명 방법과 닮았을까요?

단서

- 설명 방법의 종류에는 예시, 열거 등이 있다.
- 예시는 구체적인 예를 든다.
- 열거는 비슷하거나 연결되는 내용을 늘어놓는다.

❶ 예시

❷ 열거

예시 例 示

법식 예 보일 시

189

설명하고자 하는 대상에 대해 구체적인 예를 드는 방법

예시는 설명하려는 대상과 관계있는 예를 보여 주는 방법을 말해요. 주로 중심 문장을 뒷받침하는 문장을 쓸 때 '예를 들어', '예컨대', '이를테면' 등과 함께 사용되죠. 예를 들어 '관성이란 물체가 외부로부터 힘을 받지 않으면 처음의 상태를 그대로 유지하려는 성질을 의미한다. 달리던 버스가 갑자기 멈추면 승객들의 몸이 앞으로 쏠린다. 왜냐하면 버스가 가던 방향으로 몸이 계속 움직이려고 하기 때문이다.'라는 글이 있어요. 버스가 급정거하는 상황은 예시에 해당해요. 이처럼 예시는 내용을 이해하기 쉽도록 도와준답니다.

열거 列 벌일 열 擧 들 거

190

설명하고자 하는 대상에 대해 여러 가지 예를 늘어놓는 방법

열거는 설명하려는 대상과 비슷하거나 관련 있는 내용을 늘어놓는 방법을 말해요. 다른 말로는 '나열'이라고도 하죠. 예를 들어 '국서는 사과, 귤, 수박, 바나나를 좋아한다.'라는 문장이 있어요. 국서가 좋아하는 과일의 종류를 나열하는 부분은 열거에 해당해요. 이처럼 열거는 많은 정보를 한번에 제시하거나 전체 내용을 강조할 때 효과적이랍니다.

정답 공개 ① 예시

Y♥U쌤은 다 같이 어울려 추석에 할 만한 민속놀이로 씨름을 말했어요. 설명하려는 대상과 연관된 예를 보여 주므로 예시에 해당해요.

핵심 정리

예시	열거
• 설명 방법에 해당함.	
• 설명하고자 하는 대상에 대해 구체적인 예를 드는 방법 • '예를 들어', '예컨대', '이를테면' 등을 활용함.	• 설명하고자 하는 대상에 대해 여러 가지 예를 늘어놓는 방법 • '나열'이라고도 부름.

"어떤 대상을 설명할 때 구체적이고 친근한 사례를 제시한다면 예시!
두 개 이상의 구체적인 내용을 나열한다면 열거!
예시와 열거는 함께 사용되는 경우도 많다는 점을 기억해."

국순이가 과자를 설명하는 방법은 무엇일까요?

Q

난이도 ★☆☆

국순이가 독감에 걸렸어요. 외출을 할 수 없던 국순이는 과자가 먹고 싶자 국주에게 부탁하는데요. 국순이가 과자를 설명하는 방법은 다음 중 무엇일까요?

단서
- 설명 방법의 종류에는 비교, 대조 등이 있다.
- 비교는 둘 이상의 대상을 맞대어 공통점을 찾고, 대조는 차이점을 밝힌다.

① 비교 ② 대조

비교 比 較

견줄 비 견줄 교

191

둘 이상의 대상을 견주어 공통점을 찾는 방법

내가 알고 있는 대상을 다른 사람에게 효과적으로 설명하려면 어떻게 하는 것이 좋을까요? 설명하려는 대상과 다른 사람에게 익숙한 대상을 나란히 두고 공통점이나 차이점을 밝히면 특징을 파악하기가 쉬워요.

비교는 둘 이상의 대상에 대해 공통점을 중심으로 설명하는 방법을 말해요. 예를 들어 '호랑이는 사자와 마찬가지로 육식 동물이다.'와 같이 서술할 수 있죠. 이처럼 비교는 잘 아는 대상을 통해 낯선 대상에 접근할 때 유용하답니다.

대조 對 照

대답할 대 비출 조

192

둘 이상의 대상을 맞대어 차이점을 찾는 방법

대조는 둘 이상의 서로 반대되는 대상에 대해 차이점을 중심으로 설명하는 방법을 말해요. 예를 들어 '무리를 지어 다니는 사자와 달리 호랑이는 혼자 생활한다.'와 같이 서술할 수 있죠. 이처럼 대조는 각각의 다른 특징을 나타낼 때 효과적이랍니다.

정답 공개 ❷ 대조

마트에는 모양이 비슷한 과자가 여러 개 있었어요. 그래서 국순이는 원하는 과자의 특징을 콕 집어 이야기했죠. 따라서 두 대상 간의 차이점을 대조한 거라고 볼 수 있어요.

핵심 정리

비교	대조
• 설명 방법에 해당함.	
• 둘 이상의 대상을 견주어 공통점을 찾는 방법 • 익숙한 대상을 통해 낯선 대상에 접근할 수 있음.	• 둘 이상의 대상을 맞대어 차이점을 찾는 방법 • 각각의 다른 특징을 구분할 수 있음.

“ 둘 이상의 대상을 비교, 대조하려면 일정한 기준을 세워야 해. 거기에 맞춰 견주면 각각의 특징을 파악할 수 있어. 펭귄과 비둘기의 경우 두 동물 모두 날개가 있다는 공통점에 주목한다면 비교이고, 날개가 있으나 펭귄은 날 수 없고 비둘기는 날 수 있다는 차이점에 주목한다면 대조야. ”

국서가 우유를 설명하는 방법은 무엇일까요?

Q

난이도 ★★☆

키가 크고 싶은 국서는 아침마다 우유를 마셔요. 그런데 오늘은 설명을 늘어놓자 국순이가 "우유를 ○○한 거야?"라고 묻는데요. ○○에 들어갈 말은 다음 중 무엇일까요?

단서

- 설명 방법의 종류에는 분류·구분, 분석 등이 있다.
- 분류와 구분은 대상을 일정한 기준에 따라 묶거나 나눈다.
- 분석은 전체를 여러 부분으로 나눈다.

❶ 분류·구분

❷ 분석

분류·구분

分 나눌 분 | 類 무리 류 | 區 구역 구 | 分 나눌 분

193

여러 대상을 일정한 기준에 따라 묶거나 나누는 방법

우리는 어떤 대상을 설명할 때 비슷한 것끼리 묶고, 다른 것끼리 나누기도 해요. 복잡하게 나열하는 것보다 쉽게 이해할 수 있기 때문이죠.

분류는 일정한 기준에 따라 종류별로 묶는 방법이고, 구분은 나누는 방법을 말해요. 예를 들어 '판다, 악어, 앵무새'를 '동물'로 묶는다면 분류이고, '동물'을 '포유류, 파충류, 조류' 등으로 나누면 구분에 해당해요.

분류와 구분은 모두 비슷한 성격을 가진 대상을 정리하는 공통점이 있어요. 이때 기준은 분명해야 한답니다.

분석 分 析 194

나눌 분 가를 석

하나의 대상을 구성하는 요소나 부분으로 나누는 방법

분석은 전체를 각각의 요소나 여러 부분으로 나누는 방법을 말해요. 구분과 마찬가지로 대상을 잘게 쪼개지만, 분석은 연관이 있는 부분들로 이루어진 하나의 대상을 다룬다는 점에서 달라요. 예를 들어 '나무는 잎의 모양에 따라 활엽수*와 침엽수*로 나뉜다.'라고 설명한다면 구분이지만, '나무'를 구성 요소인 '뿌리, 줄기, 잎'으로 나누면 분석에 해당해요. 이처럼 분석은 복잡한 대상이나 원리 등을 밝힐 때 적합하답니다.

*활엽수(闊 트일 활 葉 나뭇잎 엽 樹 나무 수) : 잎이 넓은 나무의 종류
*침엽수(針 바늘 침 葉 나뭇잎 엽 樹 나무 수) : 잎이 바늘 모양으로 된 나무의 종류

정답 공개 ❷ 분석

국서는 '우유'라는 하나의 대상을 '영양 성분'으로 나누어 설명했어요. 우유에 포함된 영양 성분이 키가 크는 데 도움이 된다는 사실을 안 거죠. 따라서 빈칸에 들어갈 말은 분석이에요.

핵심 정리

분류·구분	분석
• 설명 방법에 해당함.	
• 여러 대상을 일정한 기준에 따라 묶거나 나누는 방법 • 비슷한 성격을 가진 대상을 정리할 수 있음.	• 하나의 대상을 구성하는 요소나 부분으로 나누는 방법 • 복잡한 대상, 원리 등을 밝힐 수 있음.

"분류와 구분은 대상을 일정한 기준에 따라 종류별로 묶거나 나누어 설명하기 때문에 '상위 개념'과 '하위 개념'의 관계로 볼 수 있어. 하지만 분석은 대상을 구성 요소로 잘게 쪼개므로 '전체와 부분'과 같아."

국준이의 주장에 대한 근거로 적절하지 않은 것은 무엇일까요?

Q

난이도 ★☆☆

Y♥U쌤의 수업을 듣기 전 카페에 들린 국준이와 국순. 국준이는 일회용 컵 대신 텀블러에 음료를 담아 달라고 하는데요. 국준이의 주장에 대한 근거로 적절하지 않은 것은 다음 중 무엇일까요?

단서

- 주장과 근거는 논리적으로 연결되어야 한다.
- 상대방을 설득하기 위해선 근거가 객관적이고 타당해야 한다.

❶ 일회용품을 줄여 환경을 보호할 수 있다.

❷ 한정판 텀블러를 사면 힐링이 된다.

❸ 음료 할인도 받을 수 있다.

주장 主 張

주인 주 베풀 장

195

글쓴이가 내세우는 의견이나 입장

사회 구성원이 함께 생각하거나 해결해야 하는 문제 상황을 글로 제시할 때 글쓴이의 의견이나 입장을 주장이라고 말해요. 일상생활에서 일어나는 여러 문제 상황을 두고 사람들은 각자 다른 의견을 가지기도 해요. 예를 들어 '길거리에 쓰레기통을 늘려야 한다.', '길거리에 쓰레기통을 없애야 한다.'와 같이 나뉠 수 있죠. 주장은 구체적이고 분명해야 하며, 실현 가능성이 있어야 해요. 또 지나치게 한쪽으로 치우치지 않도록 다양한 입장을 고려해야 한답니다.

근거 根 據

뿌리 근 의거할 거

196

글쓴이의 의견에 대한 까닭

글쓴이가 의견을 내세울 때 그것을 지지하는 까닭을 근거라고 말해요. 예를 들어 '길거리에 쓰레기통을 없애야 한다.'라는 주장에 대한 근거로 쓰레기통이 없을 때 생기는 장점을 제시할 수 있죠. 근거는 주장을 뒷받침할 수 있어야 하며, 객관적이고 타당해야 해요. 또 근거로 활용된 자료가 최신인지, 믿을 만한지 출처를 따져 보아야 한답니다.

정답 공개 ❷ 한정판 텀블러를 사면 힐링이 된다.

국준이는 텀블러 사용을 주장하며 이를 뒷받침하는 근거로 세 가지를 제시했어요. 그중에서 두 번째 이유는 주관적이며, 주장과 상관없는 내용이에요. 오히려 국준이의 주장에 대한 설득력을 떨어뜨린다고 볼 수 있어요.

핵심 정리

주장	근거
• 글쓴이가 내세우는 의견이나 입장 • 내용은 구체적이고 분명해야 하며, 실현 가능성이 있어야 함. • 다양한 입장을 고려하여 정해야 함.	• 글쓴이의 의견에 대한 까닭 • 주장을 뒷받침할 수 있어야 함. • 내용은 객관적이고 타당해야 하며, 출처가 분명해야 함.

“주장하는 글은 글쓴이의 의견을 논리적으로 드러내면서 독자의 태도, 행동 등의 변화를 유도해. 따라서 주장과 근거는 서로 연관성이 있어야 하며, 사회·문화적 맥락 안에서 받아들일 수 있어야 하지.”

국준이의 주장에 대한 타당성을 높일 수 있는 근거는 무엇일까요?

Q

난이도 ★☆☆

국순이가 졸음을 쫓기 위해 에너지 드링크를 마셔요. 그 모습을 지켜보던 국준이가 한마디 하는데요. 국준이의 주장에 대한 타당성을 높일 수 있는 근거는 무엇일까요?

단서

- 타당성은 사물의 이치에 맞는 옳은 성질이다.
- 주장과 근거가 관련이 없거나 근거가 주장을 뒷받침하지 못하면 타당성은 떨어진다.

❶ 에너지 드링크의 종류

❷ 에너지 드링크가 청소년에게 미치는 부작용

타당성 妥 當 性

온당할 타 마땅할 당 성품 성

197

주장과 근거가 이치*에 맞는 성질

주장에 대한 근거가 적절한지 판단하는 기준에는 두 가지가 있어요. 먼저 타당성은 주장과 근거가 이치에 맞고 합리적이어야 한다는 성질을 말해요. 예를 들어 학급 반장 선거에서 '저를 반장으로 뽑아 주세요.'라고 주장할 때 '제가 우리 반에서 제일 키가 크기 때문입니다.'를 근거로 든다고 상상해 보세요. 둘 사이의 연관성이 떨어지므로 근거가 타당하지 않다고 볼 수 있죠. 따라서 타당성을 높이기 위해선 주장과 근거가 긴밀하게 연결되어 있는지, 근거가 주장을 뒷받침하는지, 근거로부터 결론을 이끌어 내는 방식이 합리적인지 등을 따져 봐야 해요.

*이치(理 다스릴 이 致 이를 치) : 사물의 정당한 조리

신뢰성 信 賴 性

믿을 신 힘 입을 뢰 성품 성

198

주장에 대한 근거가 믿을 만하다는 성질

신뢰성은 주장에 대한 근거가 믿을 만해야 한다는 성질을 말해요. 예를 들어 '교실 내에 CCTV를 설치해야 한다.'라고 주장할 때 '교실 내 CCTV가 설치된 학교 학생들의 만족도'를 근거로 든다고 상상해 보세요. 출처가 불분명하다면 근거를 신뢰할 수 없죠. 따라서 신뢰성을 높이기 위해선 자료의 출처를 분명히 밝히고, 믿을 만한 기관이나 전문가의 발표 등을 활용하며, 최신 정보인지도 따져 봐야 해요.

정답 공개 ❷ 에너지 드링크가 청소년에게 미치는 부작용

국준이는 잠도 제대로 자지 못한 채 에너지 드링크에 의지하는 국순이가 걱정되었어요. 그래서 중학생의 에너지 드링크 섭취를 줄여야 한다고 주장했죠. 에너지 드링크에 들어 있는 카페인은 나이가 어릴수록 건강에 안 좋은 영향을 끼치므로 관련된 근거를 제시하는 게 타당해요.

핵심 정리

타당성	신뢰성
• 주장과 근거가 이치에 맞는 성질 • 주장과 근거의 관계가 긴밀한지, 근거가 주장을 뒷받침하는지, 결론을 이끌어 내는 방식이 합리적인지 등을 판단해야 함.	• 주장에 대한 근거가 믿을 만하다는 성질 • 자료의 출처가 분명한지, 최신 정보인지 등을 판단해야 함.

“ 주장하는 글을 쓸 때 근거로부터 주장을 이끌어 내는 과정에서 오류가 없어야 타당성을 가질 수 있어. 또 권위 있는 기관의 통계 자료나 전문가의 말 등을 근거로 활용한다면 신뢰성을 높일 수 있지. ”

국순이의 논증 방법은 무엇일까요?

Q

난이도 ★★★

제비뽑기로 지정된 친구 몰래 편지나 선물을 주는 마니또! 국순이의 마니또로 국주가 당첨되었는데요. 국순이가 국주의 선물을 고민할 때 사용한 논증 방법은 무엇일까요?

단서

- 논증 방법의 종류에는 크게 귀납과 연역이 있다.
- 귀납은 각각의 사실이 지닌 공통점을 통해 결론을 이끌어 낸다.
- 연역은 확실한 사실을 통해 구체적인 사례를 이끌어 낸다.

❶ 귀납

❷ 연역

귀납 歸 돌아올 귀 納 들일 납

199

구체적인 사실로부터 일반적인 원리나 법칙을 이끌어 내는 방법

주장의 옳고 그름을 근거를 들어 증명하는 것을 '논증'이라고 불러요. 그중에서도 귀납은 관찰이나 경험 등을 통해 알게 된 개별적이고 구체적인 사실로부터 일반적인 원리나 법칙을 이끌어 내는 방법을 말해요. 예를 들어 '사람은 죽는다.', '돼지도 죽는다.', '말도 죽는다.'와 같은 각각의 사실로부터 '그러므로 모든 동물은 죽는다.'라는 결론을 내린다면 귀납에 해당해요.

귀납을 활용할 땐 가능한 많은 사실과 확실한 자료 등을 바탕으로 결론을 내려야 해요. 하지만 모든 사실을 일일이 확인할 수 없기 때문에 결론이 항상 참이라고 보기는 어려워요.

연역 演 멀리 흐를 연 繹 당길 역 200

일반적인 원리나 법칙으로부터 구체적인 사실을 이끌어 내는 방법

연역은 일반적인 원리나 법칙으로부터 개별적이고 구체적인 사실을 이끌어 내는 방법을 말해요. 예를 들어 '모든 동물은 죽는다.', '사람은 동물이다.'와 같은 누구나 인정하는 법칙으로부터 '그러므로 사람은 죽는다.'라는 결론을 내린다면 연역에 해당해요.

연역은 새로운 내용을 밝혀내기보다 구체적인 사실을 증명하는 데 주로 활용되는 편이에요. 결론으로 나타난 구체적 사실이 근거로 제시한 일반적인 원리나 법칙에 포함되기 때문에 전제*가 참이면 결론은 항상 참이에요.

*전제(前 앞 전 提 끌 제) : 추리를 할 때 결론의 기초가 되는 판단

정답 공개 ❶ 귀납

국순이는 국주가 가지고 있는 여러 물건으로부터 공통점을 발견했어요. 즉, 구체적인 사실을 통해 결론을 내렸으므로 귀납으로 볼 수 있어요.

핵심 정리

귀납	연역
• 논증 방법에 해당함.	
• 구체적인 사실로부터 일반적인 원리나 법칙을 이끌어 내는 방법 • 개별 사실이 많을수록 논증의 타당성이 높아짐.	• 일반적인 원리나 법칙으로부터 구체적인 사실을 이끌어 내는 방법 • 전제가 참이면 결론도 참이므로 신뢰성이 높아짐.

"구체적인 사실로부터 일반적인 원리나 법칙을 이끌어 내면 귀납,
구(9)자 모양으로 생긴 귀!
반대로 일반적인 원리나 법칙으로부터 구체적인 사실을 이끌어 내면 연역,
삼국유사를 쓴 사람이 '일연'이잖아?
이렇게 외우면 훨씬 쉽고 오래 기억할 수 있을 거야~"

에필로그

오늘은 알람이 울리자마자 눈이 번쩍 뜨였다.
이게 웬일이냐고? 해가 서쪽에서 뜰 일이라고??
대망의 중학교 마지막 기말고사인데, 주인공이 빠질 수야 없지.
내 실력을 증명하는 날인데 놓칠 순 없고 말고~

교실 안
뭐야,
이 자연인은??
꾀죄죄

시험 기간인데
뭣이 중헌디?
그래, 내가
졌다!
탁!

드르륵~
하지만 나의 각오를 방해하는 이들이 있었으니,
이럴 때 보면 친구인지 적인지 알 수가 없단 말이지.
내 엔돌핀 국주야,
좋은 기운 좀 나눠 줘!

드디어 결전의 순간이 다가왔다!
더 이상 찍지 않고 정정당당하게 승부하리라
굳게 다짐했다.
딩동 댕동~

흠
알 듯 모를 듯한
이 답답함….
〈뭔말 국어 용어
200〉에서 배운
개념이잖아?!

훗!
형태소를 묻는 문제군.
형태소란~
7번 문제 답이 뭐였어?
지시어 vs 접속어
어·느·것·을 찍·을·까·요~

중학교 마지막 시험이 막을 내렸다. 역시 아는 만큼 보인다고 했던가?
지난 3년간의 노력을 아낌없이 불태울 수 있어 뿌듯했다.
하아~
꺄, 해방이다!!
시험 끝난 기념으로 Y♥U쌤이랑 국서 불러서 노래방 가자♪

얘들아, 고생 많았어~

쌤 덕분에 아는 문제가 수두룩 빽빽했어요!
맞아요~

모두 여길 봐.

찰칵

그렇게 뜨거웠던 우리의 중학교 시절이 끝났다.
앞으로 어떤 길이 펼쳐져 있을지 궁금하지만…. 자신 있다!
우린 국포자에서 **국능자**가 된 **지니어스**니까~

축 22회 메가 중학교 졸업 축

초등학교에서 사용하던 국어 용어가 중학교에서는 어떻게 바뀌는지 살펴보도록 해요.

초등 국어	의미	중등 국어
중심 생각	글쓴이가 글을 통해서 나타내고자 하는 주된 생각	주제
글감	글쓴이가 주제를 나타내기 위해 선택하는 글의 재료	소재
중심 글감	주제를 나타내기 위해 선택한 가장 중심이 되는 소재	제재
노래글	시의 형식으로 지어 놓은 운율이 있는 글	운문
줄글	일정한 운율을 주지 않고 자유로운 문장으로 쓴 글	산문
생활문	일상생활 속에서 얻은 생각과 느낌을 형식에 얽매이지 않고 쓴 글	수필
극본	무대 공연을 목적으로 하는 연극의 대본	희곡
설명하는 글	지식이나 정보를 알기 쉽게 풀어 쓴 글	설명문
주장하는 글	주제에 대해 자신의 생각이나 주장을 논리적으로 쓴 글	논설문
닿소리	소리를 낼 때 공기의 흐름이 발음 기관의 방해를 받고 나오는 소리	자음
홀소리	소리를 낼 때 공기의 흐름이 발음 기관의 방해를 받지 않고 나오는 소리	모음
첫소리	하나의 음절에서 처음에 나오는 자음	초성
가운뎃소리	하나의 음절에서 가운데에 나오는 모음	중성
끝소리	하나의 음절에서 끝에 나오는 자음	종성
소리마디	한 번에 소리 낼 수 있는 가장 작은 발음의 단위	음절
말마디	문장을 구성하는 끊어 읽기 단위이자, 띄어쓰기 단위	어절
변하지 않는 부분	용언을 활용할 때 형태가 바뀌지 않는 부분	어간
변하는 부분	용언을 활용할 때 형태가 바뀌는 부분	어미
으뜸꼴	용언의 어간에 '-다'가 붙은 형태	기본형
모양 흉내 말	사람이나 사물의 모양이나 움직임을 흉내 낸 말	의태어
소리 흉내 말	사람이나 사물의 소리를 흉내 낸 말	의성어
지시하는 말	앞에서 나온 내용의 반복을 피하기 위해 대신하여 쓰는 말	지시어
이어 주는 말	앞뒤 문장의 내용을 이어 주는 말	접속어

국어 개념 마스터 게임

<뭔말 국어 용어 200> 1, 2권에서 배운 내용을 바탕으로 국어 개념을 확인해 봐요.

2

자, 준비됐지? 너의 실력을 보여 줘.

상징은 비유와 달리 원관념이 겉으로 드러나지 않는다.

O 앞으로 3칸 / X 앞으로 2칸

3

4

처음부터 틀리다니 실망이군. 2로 다시 돌아가!

13

드디어 절반이야! 다음 문제~

희곡에서 여러 개의 장이 모여 막을 구성한다.

O 앞으로 3칸 / X 앞으로 2칸

14

급할수록 돌아가란 말 알지? 10으로 가자.

15

아뿔싸, 막은 장보다 크면서 사건 전개 과정에서 변화가 나타날 때를 구분하잖아? 13으로 고고~

16

엄지 척! 과연 다음 문제도 맞힐 수 있을까?

개인적인 감정이 중심이 된다면 중수필이고, 논리가 중심이 된다면 경수필이다.

O 앞으로 2칸 / X 앞으로 1칸

17

좋았어! 어떤 문제에도 흔들리지 않는 너, 칭찬해~

자립 형태소는 홀로 쓸 수 있지만, 의존 형태소는 다른 말에 기대어 사용된다.

O 앞으로 3칸 / X 앞으로 2칸

18

배운 내용을 천천히 떠올려 봐. 16으로 돌아가자.

19

자립 형태소는 다른 형태소와 결합하지 않으므로 단어가 될 수도 있다는 사실~ 17로 돌아가!

20

고지가 눈에 보인다! 얼마 남지 않았어.

문장 안에서 단어의 형태가 변하면 가변어, 변하지 않으면 불변어이다.

O 앞으로 2칸 / X 앞으로 1칸

5

훌륭해. 바로 다음 문제~

하나의 시에서 음보율과 음수율은 동시에 나타날 수 없다.

O 앞으로 3칸 X 앞으로 2칸

6

7

오, 제법인데?
다음 문제도 거뜬하겠지?

반동 인물은 중심 인물일 수도 있고, 주변 인물로 나타날 수도 있다.

O 앞으로 3칸 X 앞으로 2칸

8

동작 그만~
5로 돌아가.

9

흠…. 복습이 필요한데?
7로 돌아가.

10

국능자의 새싹이 보이는군!

서술자가 작품 속에 있느냐, 없느냐에 따라 1인칭/3인칭 시점으로 나뉜다.

O 앞으로 3칸 X 앞으로 2칸

11

12

21

이러면 곤란해~ 20으로 가서 다시 풀어 보자!

22

파이팅! 다음 문제야.

담화는 화자의 의도나 상황에 따라 정보 제공, 호소, 사교, 약속 등으로 나뉜다.

O 앞으로 1칸 X 뒤로 1칸

23

이제 너도 지니어스?!
두구두구, 결과는…?

비교는 둘 이상의 대상을 견주어 공통점을, 대조는 차이점을 설명한다.

O 앞으로 1칸 X 뒤로 1칸

초판 2쇄 발행 2024년 2월 26일
초판 1쇄 발행 2023년 6월 26일

글 | 유현진
그림 | 김석
감수 | 박민경, 권세미, 임사무엘
스토리 | 배은영

발행인 | 손은진
개발 책임 | 김문주
개발 | 김숙영, 민고은, 서은영
디자인 | 이정숙, 이솔이
마케팅 | 엄재욱, 김상민
제작 | 이성재, 장병미

발행처 | 메가스터디(주)
주소 | 서울시 서초구 효령로 304 국제전자센터 24층
대표전화 | 1661-5431
홈페이지 | http://www.megastudybooks.com
출판사 신고 번호 | 제 2015-000159호
출간제안/원고투고 | 메가스터디북스 홈페이지 <투고 문의>에 등록

*잘못된 책은 구입하신 곳에서 바꾸어 드립니다.

· **제품명** 뭔말 국어용어 200 2권
· **제조자명** 메가스터디㈜ · **제조년월** 판권에 별도 표기 · **제조국명** 대한민국 · **사용연령** 3세 이상
· **주소 및 전화번호** 서울시 서초구 효령로 304(서초동) 국제전자센터 24층 / 1661-5431